日本の戦争加害がつぐなわれないのはなぜ!?

中国人被害者たちの証言と国家・加害企業・裁判所・そして私たち

大谷猛夫［著］
「中国人戦争被害者の要求を実現するネットワーク」事務局長

合同出版

この本を読むみなさんへ

あなたが友人とけんかをして、相手を傷つけてしまったばあい、相手との関係を修復しようと思えば、自分がやってしまったことを反省し、心から謝罪し、怪我や経済的損失を与えていたのなら、その補償をしなければなりません。あなたの謝罪と具体的なつぐないを相手が受け入れたとき、相手はあなたをはじめて「ゆるそう」とします。「自分は悪くなかった」とか「相手にも非があった」などと主張していたら、相手はあなたをゆるそうとせず、永久に関係が修復されることはないでしょう。

いまから70年以上前、日本が戦争をしていたとき、日本国内でもアメリカ軍による各都市への空襲、沖縄への侵攻、広島・長崎の原爆などによって多くの命がうばわれ、徴兵や強制徴用、勤労動員や学童疎開、身の回りの金属の供出などで国民は苦しい生活を強いられました。これらの戦時下の体験は語り継がれ、多くの日本国民の記憶になり、平和を願う国民の共通の基盤にもなっています。

その一方で、日本の兵士たちはどのような戦場体験をし、侵攻したアジアの各地ではどんなことが起こっていたのでしょうか。それと同時に、戦争被害に遭《あ》った国の人びとのつらい体験はどう癒され、つぐなわれたのでしょうか。アメリカ軍による本土空爆がはじまったのは1944年、敗戦の1年前でしたが、日本の軍隊はそれより15年も前から中国の都市や農村を戦場にしていました。その間に何があったのか、戦後になっても日本政府によって国民に知らされることはありませんでした。戦争中の事件は曖昧にされ、歴史の教科書にも日本軍が何をしたのか、具体的に記述されてきませんでした。

第一次世界大戦は、参戦した各国に総力戦を強いて、大量の人、物資が戦争にフル動員されました。この結果、戦死者・戦傷者は３６００万人以上を数え、莫大な資源が失われました。この悲惨な人類史的体験をくり返さないため、国際条約によって民間人への攻撃、捕虜の虐待、毒ガスなどの生物化学兵器の使用禁止、無差別空爆の禁止などがルール化されていきます。

第一次世界大戦以降、すでに国際社会で認められていた戦争のルールを日本軍の指揮官たちは知らなかったのか、知っていて部隊の行為を放任していたのか、日本の軍隊・兵士はアジア各地で人びとを傷つけ、殺戮し、その生活、財産を破壊しました。

第二次世界大戦が終わった後、アメリカ・イギリス・フランス・ソ連・中国を中心とする戦勝国である連合国が、ドイツ・日本・イタリアを中心とする敗戦国である枢軸国を戦争犯罪で裁きますが、日本の戦争指導者と戦争犯罪を裁いた東京裁判やいわゆるＢＣ級戦犯裁判などでも、膨大な被害の訴えに対して真相究明がなされたのは、そのごく一部でした。

さて、戦争が終わって50年経った１９９５年、南京虐殺事件、７３１部隊、無差別爆撃の中国人被害者たちが日本政府の責任表明と謝罪を求めて裁判を起こしました。この裁判は東京地裁に係り、日本の弁護士グループが弁護を担当し、この裁判を支援した人びとによって「中国人戦争被害者の要求を支える会」が結成されました。

この裁判に続いて、強制連行・強制労働させせられた被害者が謝罪と補償を求める提訴を、札幌、山形、新潟、前橋、長野、金沢、京都、広島、福岡、長崎、宮崎などの地方裁判所に行ない、前記の裁判をあわせて20件の裁判を数えるまでになりました。これらの裁判を一括して「戦後補償裁判」と呼んでいます。

これらの裁判で被告になった日本政府は、被害者の訴えに対して「解決済み」という姿勢に終始しました。本文でも紹介しますが、日本政府は「除斥《じょせき》」や「国家無答責《こっかむとうせき》」という法理によって、中国の戦争被害者の訴えが「無効」であると主張しました。日本の法廷に立った被害者たちの生々しい証言によって、訴えの資格がないとする政府の主張が裁判所では受け入れがたくなると、新たに「日中共同声明」(1972年)で中国人の請求権は消滅している、そもそも訴える資格がないという主張を展開するようになりました。

本書は、「戦後補償裁判」の経緯、事件の概要、その被害者たちの証言で構成されています。将来過ちを犯さないためには、過去に学ぶことが必要です。戦後70年が過ぎ、戦争の被害体験者、加害体験者ともにその体験を直接聞くことが、ますます不可能になっていきます。本書が歴史の教訓を学ぶための一助になれば幸いです。

2015年7月

大谷猛夫

もくじ

第2章 なぜ、戦後補償は放置されてきたのか

第3章 謝罪と妄言をくり返す日本政府

第4章　平和のための戦後補償を求めて

装幀—守谷義明＋六月舎
組版—ＧＡＬＬＡＰ

本書に出てくる中国の主な都市

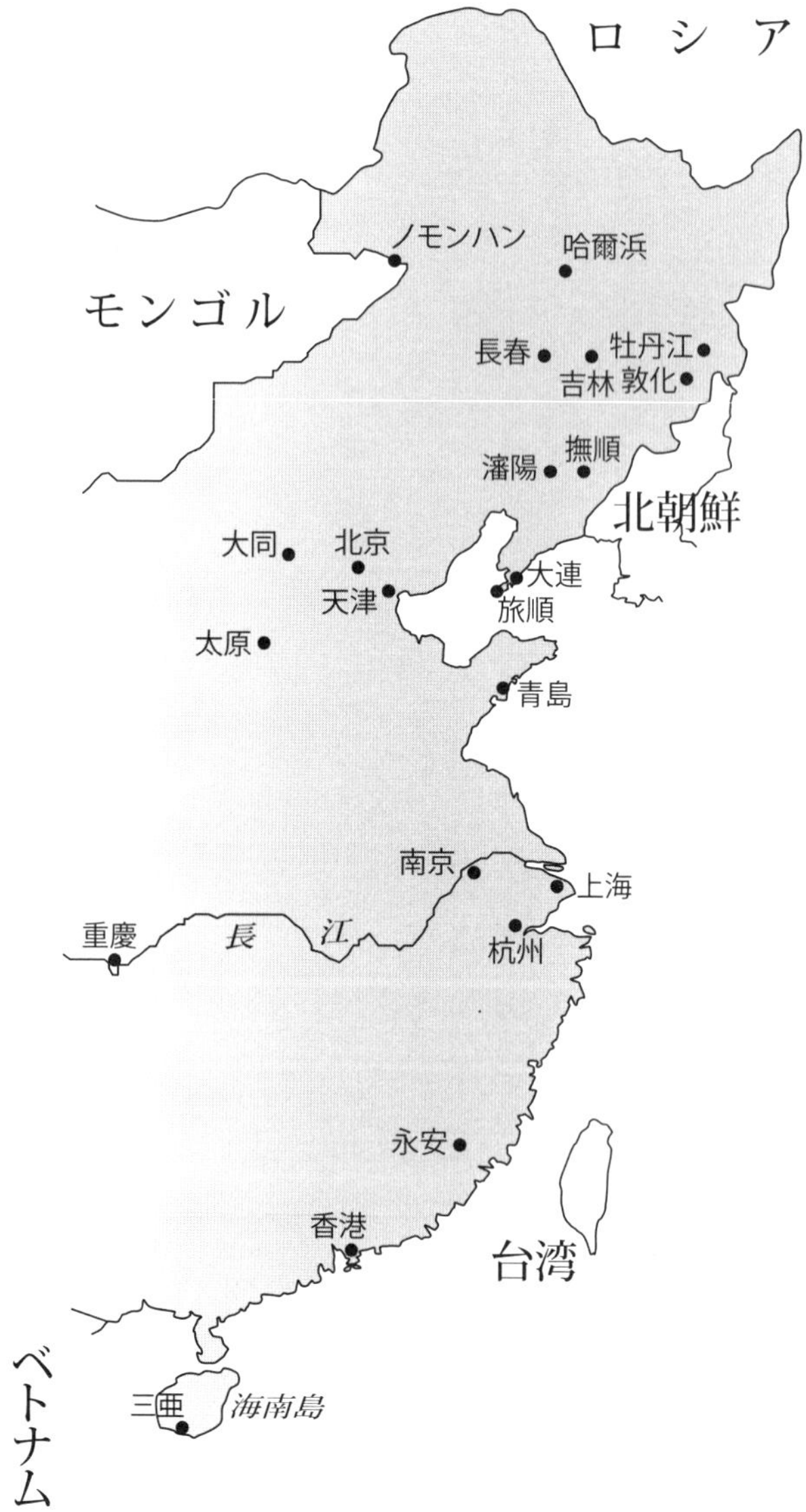

第1章

戦争中、中国大陸で起こったこと

1　南京大虐殺は「総数20万人以上」と認定した東京裁判

◆南京大虐殺とは何か

１９３７年12月13日、南京市に入城した日本軍は２週間余りの間、占領下の南京で中国軍兵士や民間人に対して虐殺、虐待、強かん、略奪、破壊などの行為をくり返しました。しかし、虐殺された人数、強かんされた人数、略奪・破壊などの経済的被害など正確なことはわかっていません。部分的な報告が部隊の記録などに残っていますが、事件の全体がわかるような記録が残されていないからです。

現在、中国政府は30万人が虐殺されたと公式には発表しており、南京虐殺記念館の正面にもこの数字が掲げられています。１９４６年に行なわれた「中華民国国防部戦犯軍事法廷」の判決書では、「捕らえられた軍人・民間人で日本軍に機関銃で集団殺害され遺体を焼却、証拠を隠蔽されたのは19万人余りに達する。このほか個別の虐殺で、遺体を慈善団体が埋葬したものは15万体余りある。被害者総数は30万人以上に達する」という数字をあげています。

また、極東軍事裁判（東京裁判）の判決には、「日本軍が占領してから最初の６週間に、南京とその周辺で殺害された一般人と捕虜の総数は20万人以上であった」と記載されています。日本政府は、この東京裁判の判決を受け入れ、戦後がスタートしています。

日本の歴史学研究者では、少ない見積もりの代表である秦郁彦氏で４万人、笠原十九司氏、藤原彰氏、吉田裕氏などは、虐殺被害者だけに限っても民間人、投降兵、捕虜、敗残兵を含めて約20万人の中国人が日本軍によって殺害されたと推定しています。

南京大虐殺が起こる5カ月ほど前の7月7日、北京郊外の盧溝橋で軍事演習をしていた日本軍に対して発砲があったとして、中国軍との軍事衝突に発展しました。いわゆる「盧溝橋事件」です。現地では一旦は停戦が実現しますが、東京の総司令部は一気に戦火を広げることを決定し、8月には上海に日本軍を上陸させます。この事件を皮切りに日中の戦争は拡大していきます。

「極東国際軍事裁判」手すりの後に並んだA級戦犯たち
(http://www.uwgbcommons.org/archives/27196)

当時の中華民国の首都は南京市にあり、総統であった蒋介石も南京を本拠地にしていました。中国の占領を掲げた日本軍は、南京を攻略するために10万人以上の兵士を投入し、戦闘をくり返しながら南京まで侵攻していきました。上海～南京間、距離にして約300キロメートルを約3カ月かけて進撃し、12月13日に日本軍は南京市に入城します。

この約3カ月におよぶ行軍の期間中、日本軍は「現地調達」を基本方針にします。兵士の食糧などは現地で手に入れろ、というわけです。農村地帯であっても、10万人以上の兵士たちが毎日の食糧をうばっていくのですから、たまったものではありません。日本軍を指して「蝗軍」（蝗はイナゴの意）という蔑称もありました。イナゴの大群が通過した後のように田畑の農作物は食いつくされていたという中国農民の嘆きの言葉です。

　軍隊が行軍するとき、部隊の食糧や医薬品、武器、弾薬、兵士などが後方から補給され、これを兵站《へいたん》活動といいますが、これがなければ軍隊はたたかうことができません。しかし、南京攻略戦では、司令部が部隊への食糧補給をせず、現地でなんとかしろと指示したため、兵士は食糧の補給なしで戦闘を続けなければなりませんでした。そうなると、現地の農民から略奪して食糧を確保するしか術がありません。事実、兵士個人や部隊全体で農村を襲って食糧を略奪し、その跡を焼き払うなどの蛮行が相次ぎました。農民が食糧の提供を拒否して殺害される事件が多発しました。また、日本国内からの補給が途絶えた孤島やジャングルでたたかっていた日本軍兵士の死者の多くは餓死だった、という研究報告もあります。

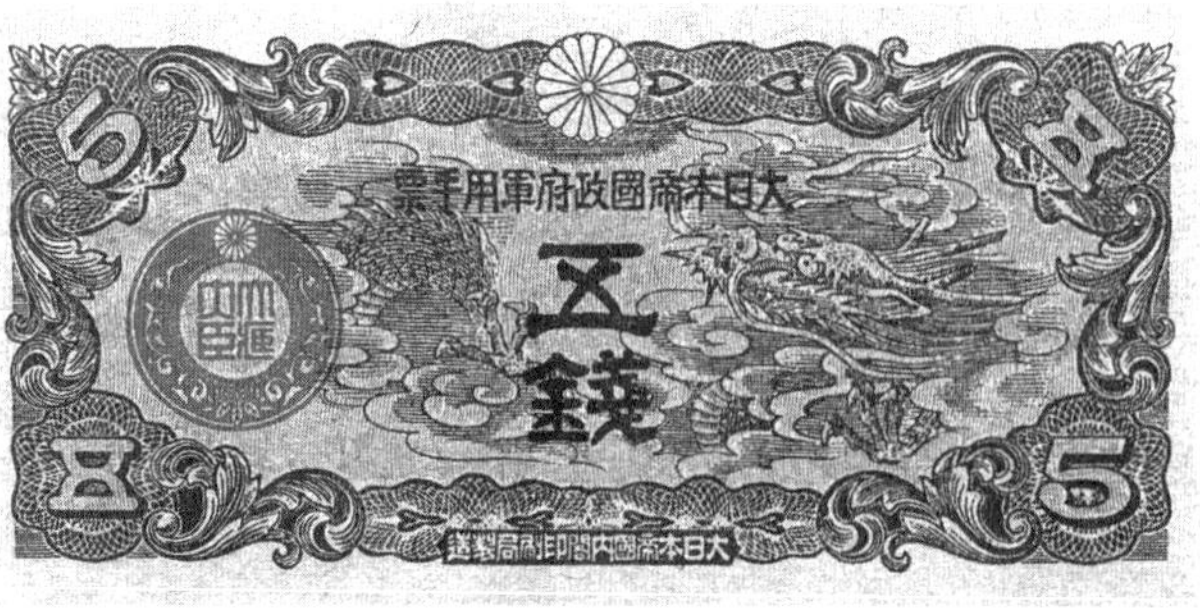

軍用手票（軍票）（野崎コインホームページ）

　日本軍は食糧を「買った」という証言もありますが、払ったお金は日本軍が「紙幣」として発行した「軍用手票（軍票）」で、ただの紙にすぎませんでした。戦後この軍票をめぐって、日本政府に金銭での補償を求める軍票訴訟（１９９３年提訴、１９９９年東京地裁判決、原告敗訴）も起きています。

さて、日本軍が南京市内に侵入したときはすでに蒋介石は南京市を脱出して、５００キロメートル以上も奥地にある揚子江上流の都市重慶に本拠地を移していました。市内は逃亡する兵士、抵抗する兵士、武器を捨てて市民にまぎれ込む兵士が入り乱れ、一方で日本軍の侵攻に怯える南京市民の不安は頂点に達していました。３カ月余り戦闘をくり返しながら南京に到達した10万人以上の兵士が、無政府状態になっていた南京になだれ込んでいきました。

当時、南京市は首都でしたから、各国の大使館など外国公館が置かれていました。その地域は国際安全区とされ、この区域には国際法上、戦闘国も立ち入りが禁止されていました。日本軍はこの国際安全区にも押し入り、残虐行為を行なっています。この国際安全区の運営委員長になったのはドイツのシーメンス社のジョン・ラーベでした。彼は日本軍の残虐行為とそれに苦しむ中国市民のことを記録に残し、『ラーベの日記』として戦後出版されています（邦題『南京の真実』平野卿子訳、講談社、１９９７年）。

南京大虐殺のなかを生き延びた李秀英さんは、国際安全区での日本軍兵士の行動を証言しています。安全区にいたアメリカの牧師マギーは日本軍の監視の目をくぐって、カメラをまわし続けますが、これがいまも現存するマギー・フィルムです。このフィルムには李秀英さんの入院中の姿が写っています。いわゆる非戦闘員である降伏者、捕獲者、負傷者、病者、難船者、衛生要員、宗教要員、文民、一般市民を攻撃することは国際条約で禁止されていて、これらの非戦闘員は保護対象で、危害をくわえることは戦争犯罪にほかなりません。

ジョン・ギレスピー・マギー牧師
（http://divinity-adhoc.library.yale.edu/Nanking/Magee.html）

◆李秀英さんの証言

私は南京大虐殺の被害者で、生存者です。1937年3月、主人と結婚して上海に住んでいました。主人は無線の技師でした。8月13日、上海も戦争になりました。住んでいるところに日本兵がやってきました。毎日日本軍の空襲がありました。ビクビクして生活していました。

9月に南京の実家に戻りました。しかし、南京に戻っても上海と同じように毎日、日本軍の空襲がありました。

主人は10月に南京に戻ってきました。町は橋らしい橋もなく、無残な姿になっていました。このとき、南京には外国の大使館・領事館があり、そのまわりに安全区がつくられていました。南京から逃げることができなかった人たちのためにつくられたのです。この南京の「国際安全区」に各地から避難してきた住民もたくさんいました。

私は五台山地区の外国人スクールに避難していました。学校には2つの地下室がありました。1つは男性用、もう1つは女性と子ども用にしていました。学校なのに食堂も何もありませんでした。年寄りの男性が炊事をしていました。食事は1日に2回、朝と夕方だけでした。

12月18日の午後、地下室のドアがしっかりしまっていなかったため、(13日に南京市に入城した)日本軍に地下室があることがわかってしまいました。それまでは「ここは倉庫で品物が入っているだけだ」といって日本軍に説明していました。この安全区は国際的に

南京市にあった国際安全区の風景

承認された地区で、日本軍も本当はこれを尊重しなければなりません。しかし、このとき日本兵が数名入ってきました。男性の部屋に入って、数名の男性を連れ出していきました。

1937年12月19日、私はこの日を一生忘れません。朝ごはんを終えたばかりの頃、またたくさんの日本兵がやってきました。この日は直接女性の部屋にやってきました。そして女性を連れ出そうとするのです。私は妊娠していたので、このまま日本兵に凌辱されるのなら、自殺したほうがいいと思い、壁に頭をぶつけて自殺しようとしました。そして頭を壁にぶつけて気を失ってしまいました。そのとき、残っていた方々は私をベッドに運びました。

しばらくしてまた日本兵が3人やっ

てきました。この部屋はそんなに広くなかったのですが、入口のほうには年寄りの女性と子ども、奥のほうに若い女性というふうに配置して隠れていました。日本兵は入口のほうはそのままにして、年寄りの女性たちをかき分けて、奥の若い女性のほうにやってきました。私を見たのですが、まわりの人たちは、私のことを指して「この人は病気です」と言ってくれましたが、日本兵はかまわず、まわりの人たちを追い出しました。私は低いベッドに寝かされ、薄いふとんをかけていました。日本兵は腰をかがめて、ふとんをはがそうとしました。目の前に日本兵の剣が見えました。私は夢中でその剣をうばいとりました。日本兵は驚いて、私の両手を持って押さえ込もうとしました。私も全身の力を込めて、日本兵の手にかみついていきました。その日本兵はキャーと叫びました。私は手に剣を持っていました。

日本兵の声を聞いて、ほかの2人の日本兵もやってきました。その2人の日本兵は銃剣で私の足のほうを刺しはじめました。私は必死に抵抗しました。私は立ち上がって壁を背にしていました。彼らは私の身体に目茶苦茶に銃剣を刺してきました。左を向いたら、左のほほを、右を向いたら、右のほほをという具合でした。私は顔から血を吹き出していました。相手の日本兵の服の上に血が飛びました。もう1人の日

南京大虐殺を生き延びた被害者・李秀英さん（2001年4月5日、南京、大谷撮影）

本兵は私のお腹を刺してきました。妊娠7カ月になっていましたが、そこで私は気を失ってしまいました。

同じ部屋にいた年寄りの女性や子どもたちは逃げていましたが、戻ってきた私の父に「あなたの娘、いま、下で日本兵とたたかっている」と言ったそうです。父は早足で地下室に行くとそこは壁も床も血だらけでした。私の顔を見て、もうだめだ、と思いました。私の名前を呼んでも返事もしない、息もしていない、という状態なので、死んでしまったと思ったのでした。そこで、木の板を持ってきて私の身体を乗せ、埋葬しようと外へ運び出したのです。南京の12月はとても寒く、冷たい空気にふれたので、鼻から血の泡が吹き出しました。ある老人は私が生きていることに気がついて「埋めてはいけない。早く鼓楼病院へ連れていこう」と言ったのです。

私は鼓楼病院に連れていかれて、アメリカ人の医者に診てもらいました。身体を37カ所も刺されていました。医者は「お腹の傷が炎症を起こさなかったらもつが、お腹の傷が炎症を起こしたら、だめだ」と父に言いました。翌日お腹の赤ちゃんは死んでしまいました。牧師さんがやってきました。一週間後にまたやってきて撮影しました（いまも残る貴重なフィルムで、「マギー・フィルム」と呼ばれている）。私はごはんをほとんど食べられませんでした。口から食べ物を入れても鼻から出してしまったのです。目のまわりを刺されたので、その当時は何も見えませんでした。2カ月間入院しました。患者の数が多いので、少しよくなると退院を勧められます。

私の住んでいた家はすでに焼かれてしまっていたので、牧師さんの世話で教会に行きました。この教会にも日本兵がやってきて「女性がいる」ということに気がつきました。そこも危険になったので、牧師さんは私を鼓楼病院の裏にある病院宿舎に移してくださいました。

１９３８年４月、私の主人に私が生きていることが伝わりました。主人も南京に戻り、郵便局の職を見つけ、働きはじめました。私は傷が大きく外で働くことはできませんでした。主人１人の収入で暮らしていかなければなりませんでした（中国では当時から夫婦共稼ぎが普通で、男性１人の働きでは生活は大変苦しい。著者注）。私は出血が多く、栄養もよくありませんでした。心臓も胃も弱く、歯も入れ歯です。子どもたちも多く病弱でした。

日本軍によって、家庭もバラバラにされ、１人の子どもを亡くし、仕事もできない状態になったのです。もし、そういう事実がなければ告訴することもなかったでしょう。私はもうすぐ80歳、告訴しなければ死んでも目をとじないでしょう。日本の裁判所にお願いして、正しい裁判をしてほしいと思います。弁護団には大変感謝しています。優しい善良な日本のみなさんにも感謝します。日本の若者が知らないというのは当然です。そして、日本のなかに南京虐殺はない、という人がいると聞きました。本当に怒りを覚えます。私は生きた証人です。まわりの人たちの応援があったからです。子どもたちの服もまわりの中国の方々におさがりをいただきました。そうやって子育てを続けてきたのです。（１９９７年２月14日、東京都中央区での証言集会で採録。２００４年12月４日逝去）

◆裁判では何が争われ、どんな判決が出たか

1995年8月17日、李秀英さんは日本国政府に対して、謝罪と賠償を求めて裁判を起こしました。「南京事件訴訟」と呼ばれる裁判になりました。日本では「謝れ」というだけの裁判は起こせません。被害を金額に換算して、その金額を求める訴訟を起こしました。李さんは謝罪することと2000万円の賠償額を請求しました。

裁判中、被告の日本政府は「事実の認否」を行ないませんでした。つまり、南京大虐殺に対してはノーコメントを貫いて、「そんなことはなかった」とも「それは事実だ」とも事件については争わなかったのです。普通は、争いになった事実について、原告が主張することがらについて、被告は「それは事実ではない」とか「そのとおりです」と言う必要があります。原告と被告の主張する事実に食い違いがあれば、裁判所は客観的な証拠に基づいて、どちらの言い分を採用するか判断し、判決を下します。しかし、この裁判では、日本政府は事実の認否について沈黙を続けました。

東京地裁の裁判は訴えてから4年後、1999年9月22日に判決が言い渡されました。李さんの主張する被害事実をすべて認定したのです。事実が認められれば、非は被告である国にあり、李さんへの謝罪と賠償が認められなければならないのですが、東京地裁の判決は奇妙なものでした。「個人が国家間の外交交渉によることなく、外国に対して過去の戦争被害につき損害賠償を求めることは、全体として紛争の火種を残すに等しく、将来にわたる戦争を防止するという観点からして有害無益と考える」ので原告の請求は棄却する、というわけのわからないものでした。

に強制的につれていかれました。強制連行された朝鮮人の数は約70万人，中国人の数は4万人とされています。また，朝鮮などアジアの各地で若い女性が強制的に集められ，日本兵の慰安婦《いあんふ》として戦場に送られました。「大東亜共栄圏」はたんなる宣伝のためのスローガンにすぎなかったのです。

◇考えてみましょう，調べてみましょう

アジアの教科書では，戦時中のことは，どのように書かれているのでしょう。

⇧「慰安婦」の記述がある教科書（日本書籍、2002年）

⇦『新しい日本の歴史』（育鵬社、2012年版　育鵬社ホームページ）

この判決に納得しない李さんは当然、高等裁判所に控訴しました。東京高裁はまともな審理もせずに、５年後の２００５年４月19日、一審の判決をそのまま踏襲して、李さんの控訴を退けてしまったのです。李さんはさらに最高裁に上告しました。最高裁判所は上告された案件について、事実審理をしないことを原則にしています。高裁判決の文書と証拠を調べるだけで、よほどのことがないかぎり公開の法廷を開かないのです。

李さんの訴えもむなしく２年後の２００７年５月９日、一片の通知書で上告は棄却されてしまいました。法廷を一回も開かず、李さんの代理人である弁護士あてに上告棄却の文書を送りつけてきただけでした。李さんに続く戦後補償の裁判は、ほとんど最高裁法廷を開廷することなく、国の責任なしの判決が続くことになります。

◆戦争責任をめぐって

李さんが日本の戦争責任を訴える裁判を起こすと、日本の世論もこれを支持する動きを見せていました。

1997年、日本書籍をはじめとするすべての中学校の歴史教科書に「慰安婦」の記述が登場し、南京大虐殺の記述もよりていねいになっていきました。教科書の執筆は数年前からはじまっていますから、李さんの提訴の前に日本でも戦争責任を問う機運が高まっていたのです。文部科学省の検定もこの流れを無視することはできず、国民が戦争の事実を共有しようという方向が強まっていったのです。

ところが、これに対抗して「日本の国に誇りを持たなければならない」「日本軍の残虐行為を教えるのは、自虐的な歴史観だ」と主張するグループが台頭してきました。藤岡信勝東大教授（当時）は、「慰安婦は金をもらっていた。南京大虐殺は戦闘行為のなかで起きたこと」などと発言し、1995年には「自由主義史観研究会」が結成されました。この研究会は「新しい歴史教科書」をつくると言明し、日本の戦争責任を免罪する教科書がつくられることになるのです（現在の『新しい日本の歴史』など）。この教科書は日本の戦争を美化するだけでなく、天皇制を美化し、国家主義を標榜するものとなりました。

◆3つの「南京大虐殺名誉毀損」裁判

歴史修正主義の流れに与する「慰安婦の強制はなかった」「南京虐殺はなかった」などという書籍が書店の店頭に並ぶようになりますが、松村俊夫氏が1998年に『「南京虐殺」への大疑問』という本を展転社から出版しました。この本のなかで、松村氏は李秀英さんを「ニセの被害者」として断定しました。このことを知った李さんは松村氏と発行元の展転社を名誉毀損で訴えました。

「私は正真正銘の南京虐殺の生き残り被害者です。私の証言のどこにウソがあるというのでしょうか」と李さんは、松村氏と展転社の戦争被害者の心を踏みにじるような行為に対しての損害賠償を求める裁判を起こしました。

また、さきほど紹介した上海から南京市に至るまでの行軍の過程で、「百人斬り競争」をしたとして戦後の南京の法廷で戦犯として裁かれ、処刑された野田毅（新聞記事の「巌」は誤報）少尉と向井敏明少尉の遺族が、２００３年４月、遺族および死者に対する名誉毀損にあたるとして毎日新聞、朝日新聞、本多勝一さんなどを訴えています。当時、朝日新聞の記者だった本多勝一さんは朝日新聞に連載していたルポルタージュ『中国の旅』（１９７１年連載開始、朝日新聞社刊）で「百人斬り」の事実を報告していました。

さらに２００５年には、東中野修道氏がその著書『「南京虐殺」の徹底検証』（展転社、１９９８年）で、南京大虐殺の被害者である夏淑琴さんは「ニセモノである可能性が高い」などと断定したことから、夏淑琴さんが東中野氏と出版社を「名誉毀損」で訴えています。

南京大虐殺事件の被害者である李秀英さんを「ニセの被害者」として断定した松村氏と発行

百人斬り"超記録"

向井１０６－１０５野田

兩少尉さらに延長戰

【紫金山麓にて十二日淺海、鈴木兩特派員發】南京入りまで"百人斬り競爭"といふ珍競爭をはじめた例の片桐部隊の勇士向井敏明、野田巖兩少尉は十日の紫金山攻略戰のどさくさに百六對百五といふレコードを作つて十日正午兩少尉はさすがに刃こぼれした日本刀を片手に對面した

野田「おいおれは百五だが貴樣は？」向井「おれは百六だ！」……兩少尉は"アハハハ"結局いつまでにいづれが先きに百人斬つたかこ

"百人斬り競爭"の兩將校（右）野田巖少尉（左）向井敏明少尉＝常州にて佐藤（振）特派員撮影＝

百人切り競争（『東京日々新聞』昭和十二〔1937〕年十二月十三日）

元の展転社に対して、地裁、高裁、最高裁とも李秀英さんに対する名誉毀損を認め、150万円の慰謝料支払いを命じています。

これら3つの南京大虐殺にかかわる名誉毀損裁判が進行しマスコミなどで報道されると、家庭に埋もれたままになっていた未発見の資料がどんどん出てくるという副産物が生まれました。

そのなかには、百人斬りの野田少尉が戦前郷里の小学校で講演した記録があり、「実際に突撃して白兵戦の中で斬ったのは4、5人しかいない。占領した敵の塹壕に向かって『ニーライライ』と呼びかけるとシナ兵はバカだから、ぞろぞろと出てこちらにやってくる。それを並ばせておいて片っぱしから斬る」など武勲を自慢した話も資料で裏づけられました。戦闘で敵を斬ったのではなく、抵抗しない人を惨殺していたのです。

また、夏淑琴さんが東中野修道氏を名誉毀損で訴えた裁判は、2007年11月、東京地裁で判決が下されましたが、「被告東中野の原資料の解釈はおよそ妥当なものとは言い難く、学問研究の成果というに値しないと言って過言ではない」とまで言い切り、被告の東中野氏と展転社に対し400万円の賠償を命じています。2008年5月21日、東京高裁でも地裁判決を支持して、被告人に対し賠償を命じ、2009年2月5日、最高裁でも被告の上告を棄却、賠償命令の判決が確定しています。

このように3つの名誉毀損裁判とも一審・二審・最高裁とすべての裁判で被害者が勝訴しています。南京大虐殺については、60年代後半の教科書裁判から論争が続いていましたが、すべての裁判で事実が確定し、司法の場、歴史学研究では南京大虐殺の史実を揺るぎなく確定しているのです。

それでもいまだに「南京虐殺はなかった」という声が大きくなり、かえって勢力を広げているのはい

ハルビン郊外にある731部隊罪証陳列館（2014年3月25日、大谷撮影）

ったいどういうことなのでしょうか。

2　731部隊は秘密のベールに包まれていた

◆731部隊とは何か

1931年、中国の東北部に軍隊を進めた日本軍は、翌年ここに「満州国」という「国」を建国します。そして、大都市ハルビンに「関東軍防疫給水部本部部隊」を駐留させます。通称731部隊と呼ばれていたこの部隊の任務は極秘にされていました。もちろん、この部隊の内部にいた隊員たちは知っていたのでしょうが、戦後になってこの部隊がさまざまな細菌を培養して人体実験を行なったり、酷寒の地で人体はどの程度耐えられるかという凍傷実験をしたり、毒ガスを用いた人体実験をしていたことが明らかになっています。さらに培養したペスト菌をノミに付着させ、これを陶器でつくった爆弾に装填し、実際の戦闘で使用していました。

731部隊の初代部隊長は石井四郎陸軍軍医中将で、「石井部隊」とも呼ばれていましたが、正式な部隊名称の「防疫給水部」が示すように兵士をペストなどの感染症から守ったり、衛生的な水を補給する役目を持った特殊な部隊でした。このような衛生部隊としての特殊性が、医学者であった石井中将によって、細菌や毒ガスの人体影響の研究、兵器の開発・実験を手がける部隊としての機能へと整備されていったといわれています。

この「人体実験」の「材料」になった人びとは、日本軍の憲兵隊が捕まえた中国人やロシア人、モンゴル人、朝鮮人などでした。生きたまま「実験材料」になった人びとを部隊内では「マルタ」という符丁で呼んでいました。南京事件と同様、いやそれ以上に公式の資料が現存していませんので、犠牲者の正確な数は不明ですが、3000人を超えるといわれています。

731部隊の初代部隊長、石井四郎

731部隊では人体実験を行なった「マルタ」をみな殺しにしてしまいましたから、生存者は1人もいません。被害者の遺族のなかには、家族が731部隊に引き渡され人体実験の末に殺されたことを知らないままであった、という方もたくさんいます。ある日突然、父や夫が日本軍に連行され、そのまま帰ってこなかったのです。働き手を失った家族のその後の生活の苦労

満州国時代のハルビン（哈爾濱）モストワヤ街

は、想像に余りあります。

戦後数十年経って、日本軍の資料などから「731部隊に連行された」ことが明らかになった人びともいます。ハルビンの歴史研究者などが日本軍の憲兵隊の資料などにあたって被害者を特定し、その遺族をさがし出したというケースがあるのです。憲兵隊の記録には、捕まえた中国人などを拷問し、スパイとして役に立たないと判断すると「731部隊送り」にしていたことが記載されています。これを「特移（特別移送）扱い」と呼んでいました。

戦後、731部隊に所属していた医学者の論文に、「猿に対して細菌注射して様子を見た。猿が頭痛を訴えた」などと記述したものがありますが、猿が頭痛を訴えるはずがありませんから、これは人間に対して行なった人体実験であることが推定できます。また、この当時はカラー写真がありませんでしたから、731部隊には画家も配属され、実験で変化する内臓の色などを絵で記録していました。医学の研究と称して人体実験を行なったのですが、ここでの「実験」で成果を収め、戦後の医学界で一定の地位を占めた人も多数います。戦後の医学界は、731部隊が行なった恥ずべき行為を反省もせず、これを隠蔽してしまいました。

現在の日本政府の公式見解は、「関東軍防疫給水部本部部隊」の存在は認めるが、防疫、給水の部隊であり、人体実験などの事実を裏づける資料がないとして認めないというものです。

しかし、この「貴重な」人体実験の医学的データは普通は得られるものではありません。戦後、731部隊の実験データの存在に気づいたアメリカ軍は石井四郎に対して、データの提出を求め、それと引き換えに一切の戦犯行為を免罪したという後日談もあります。

◆敬蘭芝さんの証言

私の家族は1926年頃、飢餓から逃れるためにハルビンに移りました。3つの家族が同居する大家族でした。家計は父と叔父の2人が支えていました。叔父の敬恩瑞はハルビンの鉄道会社で警備の仕事をしていました。私を大変かわいがって、よく遊びに連れていってくれました。

1939年、叔父（敬恩瑞）は牡丹江に移り、この年の3月、（私は）叔父の紹介で大工の朱之盈と結婚しました。私は17歳でした。朱之盈は温厚で有能な人で、あらゆる面で心配りをしてくれました。私たちの結婚後、叔父の友人である張恵中が近くに引っ越してきました。

1940年春、私は朱子盈と一緒にハルビンに行きました。朱之盈は木箱を持って汽車に乗り、ハルビンに着くとソ連の人が住んでいる建物の前で私に見張らせてなかに入りました。まもなく木箱を提げて出てくると私たちはすぐ汽車に乗って牡丹江に戻りました。そして、それを張恵中に渡しました。後でそれが通信機であったことを知りました。張恵中は牡丹江での抗日運動のリーダーでした。

1941年7月17日、朝仕事に出かけた朱之盈が午後5時を過ぎても帰ってきませんでした。私はあらゆるところをさがしました。夫の同僚に聞いても「わからない」というばかりでした。夫は当時27歳でした。

夜の7時頃、5人の日本の憲兵がやってきました。彼等は家中をひっくり返して何かをさがしているようでしたが、何も見つかりませんでした。私は牡丹江の憲兵隊に連行され、取り調べを受けました。憲兵は「おまえの旦那は何をしている」と聞きました。私は「牡丹江の駅で大工の仕事をしている」と答えました。「秘密に何かやっているだろう」とまた聞きました。「昼間は仕事に出て、帰ってからはどこにも行かない。まじめな労働者である」と答えると、その憲兵はほかの憲兵に命令して、私を殴ったり蹴ったりしました。

敬蘭芝さん（1999年9月28日、大谷撮影）

そして「敬子和はだれだ。おまえの家に行っただろう」と聞きました。敬子和は叔父の敬恩瑞の偽名だと知っていましたが、叔父を守ろうと知らないと答えました。憲兵はカッとなって、私を全裸にすると、革のベルトで鞭打ちをはじめました。私は血まみれになるほど打たれて、気を失いかけました。尋問が終わると私は小屋のようなところに放り込まれました。

翌日、憲兵隊本部のある2階の尋問室に連れていかれると、手錠・足かせをつけ、ボロボロの服で血まみれになった（夫の）朱がいました。憲兵は朱の目の前で私を殴る・蹴る・鞭打ちなどをしました。私が気を失いかけると、朱は涙を浮かべて言いました。「彼女を殴るな。彼女は主婦で何も知らない。聞きたいことは私に聞け」と。

憲兵は今度は朱を鞭打ち、気を失うと冷たい水を浴びせかけました。私は泣きながら、朱のところにかけよろうとすると憲兵がさえぎり、私はふたたび小屋に連れ込まれました。4日目の夜、憲兵の尋問のなかでこん棒で殴りかかってきたとき、とっさに手でよけようとしたところ、手首がカシャッと音を立てて、手がねじれてくぼんでしまいました。それでも憲兵は激しく殴り続けたので、気を失ってしまいました。しばらくして気がつくと隣の部屋で悲鳴があがりました。朱（の悲鳴）でした。私はその部屋に連れていかれました。朱はそこで十字の木にしばりつけられ、意識はなく、血だらけになっていました。これが朱之盈を見た最後になりました。

7日目の朝、憲兵は「敬子和をさがせ、そうしたら朱は釈放する。そうでなければ朱も殺す」と言われました。私は傷だらけになって家に帰りました。この過程で父も逮捕されました。71日間拘束されて帰ってきました。拷問され、腰は曲がり、傷だらけでした。殴られただけではなく、とうがらしを入れた水を飲まされたそうです。父は帰ってきてから倒れて寝たきりになり、1年もしないうちに亡くなりました。

私は朱に会おうと憲兵隊に行きましたが、入ることすらゆるされませんでした。人づてに「一部の政治犯はハルビンに移された」と聞き、ハルビンの憲兵隊にも行きましたが、無駄でした。私も捕まるのを恐れ、ハルビンの実家に戻りました。やがて、朱が平房（当時ハルビン市内の地区）の監獄にいることを知りました。私はすぐさま平房に行きました。しかし、途中で1人の老人に会い「入ると危ない。早く帰りなさい」と言われ、びっくりして帰りました。私は泣くことしかできませんでした。夢のなかで朱は十字にかけられ、血を流していました。私は体中が痛く、右手はものを持つことができず、日常生活も不自由でした。生きることがつらかったのですが、夫が帰ってくることに望みをかけていました。しかし、戦争が終わって平房監獄が爆破されても、夫は帰ってきませんでした。

1950年、叔父の当時の仲間であった庄克仁から手紙があり、叔父の敬恩瑞と朱之盈は日本軍に殺されたことを知りました。1986年、731部隊罪証陳列館館長の韓暁氏が私を訪ねてきました。彼は牡丹江情報組織のメンバーについて調査し、平房監獄（731部隊）で夫が殺されたことを伝えました。朱之盈はあまりにも無惨な死に方をしました。私は泣きました。

私は耐えがたい過去を思い出すたびに心が震え、悲しみがあふれます。私の思いは半世紀経ったいまも消えることはないのです。（1995年12月11日、東京の証言集会で採録。2006年5月4日逝去）

◆被害者遺族と元大連憲兵隊員の対面

敬蘭芝さんは1995年8月、裁判を起こしました。敬蘭芝さんを支援することになった弁護団の事情もあって、さきほど紹介した南京事件の李秀英さんの裁判、この後紹介する無差別爆撃事件と合流して、「南京大虐殺・731部隊・無差別爆撃事件裁判」として裁判を進めることになりました。裁判所もそれを認めて、一括して審理されることになりました。したがって、裁判の経過や判決内容は李さんの裁判で紹介した内容と同一のものです。この731部隊事件でも、日本政府は事実の認否を行ないませんでした。

731部隊事件の法廷では、原告側の証人として元憲兵の三尾豊さんが加害者としての証言を行なっています。1997年10月1日の東京地裁の法廷に立った三尾豊さんは、敬蘭芝さんの夫である朱之盈さんを「特移扱い」として「731部隊」に送ったと証言しています。

元憲兵の三尾豊さんは、1993年に仙台で開かれた「証言集会」で敬蘭芝さんの話を聞いたことから、自らの加害責任に気づいたと生前語っていました。

その2年後、1995年7月にハルビンで開かれた731部隊国際シンポジウムに参加した三尾さんは、被害者遺族・王亦兵さんと出会っていますが、このとき、王さんは三尾さんと同席することさえ拒否しています。

裁判開始直後の1995年、原告敬蘭芝さんの法廷陳述の日程に合わせて仙台・高知・和歌山・長野・東京で証言集会が開催されました。各地の集会で敬さんは、「憲兵に何度も棒で殴られ、腕の骨を折り気を失った。731部隊は夫を生体実験で生きたまま殺した。日本人はけだものだ」と語りました。また、長野の集会では、石井四郎部隊長の運転手を勤めた人が「当時は命令を聞かないと軍法会議で死刑にされる状況にあったとはいえ、罪のない人びとを殺害したことをゆるしてください」と発言し、深々と頭を下げました。

東京の集会では『悪魔の飽食』の著者森村誠一さんが講演し「戦後50年の時に考える意義は大きい」と述べました。作家の森村誠一さんは、裁判がはじまった14年も前に、日本共産党が発行する「しんぶん赤旗」の記者であった下里正樹さんとの共同取材に基づいて731部隊の姿を追跡し、『悪魔の飽食』で731部隊の全貌を明らかにしています（第1部は『しんぶん赤旗』日刊紙、第2部は『しんぶん赤旗日曜版』に1981、82年連載。光文社から単行本で刊行された。第3部は角川書店から1983年刊行）。この『悪魔の飽食』3部作が日本国内で731部隊の存在が知られる大きなきっかけになりました。

元憲兵三尾さんが謝罪した被害者遺族・王亦兵さんのお父さん、王耀軒さんの体験を紹介しましょう。

王耀軒さんは、大連で写真館を経営しながら、日本軍の侵略に抵抗する、抗日活動を行なっていました。ソ連と連絡をとる諜報員として活動していたのです。このことを察知した日本の憲兵隊が1943年10月1日、天津で王耀軒さんを逮捕します。このとき、王さんを逮捕し、拷問にかけたのが憲兵の三尾さんだったのです。

三尾さんは、拷問にかけても何も言わない王耀軒さんを731部隊に護送する命令を受け、ハルビンまで護送していきました。王さんは、731部隊から二度と帰ってくることはありませんでした。息子の王亦兵さんが12歳の時のことでした。

この話を聞いた王亦兵さんは、父を731部隊に送り込んだ張本人の憲兵の三尾さんを受け入れることができませんでした。

被害者遺族の王亦兵さん（右）と大連憲兵隊の元兵士・三尾豊さん（左）の対面（1998年3月7日、大谷撮影）

ハルビンのシンポジウムから1カ月の後、三尾さんと王さんは東京で再会します。王さんが遺族として日本政府を提訴するために来日した時のことでした。このとき、2人は握手をし、三尾さんは「やっと握手できた」と喜んでいました。
そして、それから3年後の1998年3月7日、東京で開かれた証言集会に参加した三尾さんは、王亦兵さんに対して、きちんと手をつき、深々と謝罪の言葉を述べました。このとき、王亦兵さんの心のなかの氷は溶け、王亦兵さんは三尾さんの身体を気遣い優しい言葉をかけました。三尾さんはそれから4カ月後の7月に、85歳で亡くなりました。三尾さんはガンに侵された身体を顧みず、裁判の証言に臨み、王亦兵さんに心からの謝罪を行なって、逝ったのです。

◆731部隊事件被害者の遺族たち

2009年12月、ハルビンにある「731部隊罪証陳列館」を訪ね、王亦兵さんをはじめ、朱玉芬さん、李風琴さん、曽漢卿さんなどの遺族と面会したことがあります。

朱さんと李さんは、お父さんがいなくなったときは、まだ子どもで、当時のことはお母さんなどから聞いて知っているだけだと話していました。朱さんも李さんも731部隊罪証陳列館の館長から照会を受けて、父親が731部隊に送られ虐殺されたことがわかった、という家族でした。

もう一方の曽漢卿さんはすでに95歳の高齢でしたが、戦争中は義理のお父さんにあたる原美瑧さんとともに抗日活動をしていた方でした。戦前、曽さんは原美瑧さんの娘の原紅英さんと結婚していました。

原美瑧さんは黒竜江省の虎林で飲食店を営んでいましたが、これは表向きの姿で、中国革命軍の諜報機関に所属し、日本軍の情報を集めてはソ連に送っていました。1941年8月の日本の憲兵隊の資料によれば、この月に原美瑧さんを逮捕し、拷問の末「再利用の価値なし」、つまり、日本軍のスパイにすることができなかったことから、731部隊に送る「特移扱い」にしたことが記載されています。

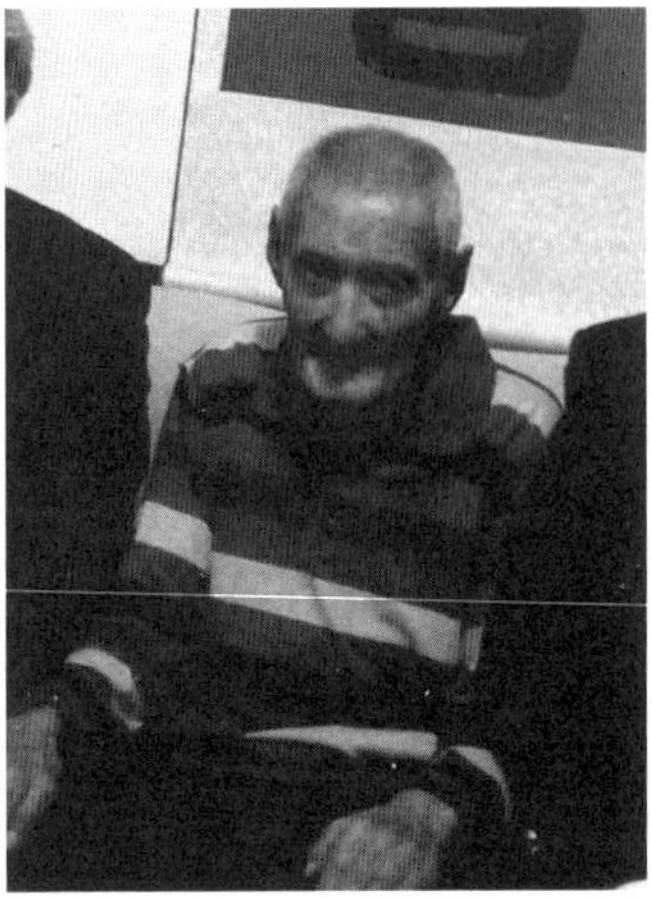

曽漢卿さん（2012年10月29日、黒竜江省・鶏西の自宅で、大谷撮影）

曽さんには2012年10月、鶏西市麻山のご自宅を訪ね、くわしい話をうかがっています。もう98歳の超高齢でしたが、以下がそのときの曽漢卿さんの話です。

私は1914年12月14日、瀋陽の皇姑屯駅後大街で生まれました。中国では数えで年齢を数えます。だから今年は99歳です。今度の正月で100ということになります。実際はいま満98歳です。生まれた家は大家族でした。10歳で学校に行きました。17歳まで勉強しました。

そのときに9・18をきっかけに日本軍が中国を侵略し（1931年9月18日の満洲事変。中国では九一八事変と呼ぶ）、自分の故郷を守りたいと革命軍に入り、秘密工作隊に入りました。私の叔父・曽興剛について虎林に来ました。

原美瑧さんは抗日部隊・秘密工作隊の隊長でした。虎林でレストランを経営していましたが、ある日、日本の憲兵が1人やってきて、呼び出されました。原美瑧さんは新しい服に着替えて連行されていきました。同じ仕事をしていた人も逮捕されました。私はそれを見ていました。原美瑧さんの娘の原紅英さんは県政府の交換センターの仕事をしていて、日本語の情報を私経由でソ連に渡していました。

原美瑧さんは帰ってきませんでした。その後、私は原紅英さんと結婚しました。義理の母は3、4人の子どもを抱えていて、生活はとても苦しかったです。（妻の）原紅英は別の店で働くことになりました。給料は安く生活は苦しかったのです。結婚した後で、義理の母から挪宝豊という裏切り者が日本の憲兵隊に原美瑧さんらを売ったということを聞きました。裏切り者を憎みました。妻の紅英は、毎日泣いていました。（妻は）70歳で亡くなりました。

1948年に叔父と一緒にこの鶏西の麻山に来ました。仕事もなく、生活はとても苦しくて、木の皮まで食べて飢えをしのいだこともありました。3人の息子と1人の娘がいます。この娘のおかげでいまも生きています。娘は63歳になりました。

2005年9月3日、ハルビンの記念館からの情報で原美瑧さんは確実に731部隊に連行されたことを知りました。何ともいえない複雑な感情がわきました。敵もたくさんいましたが、ほとんど死にました。私はいまも99歳で生きています。私は勝利者です。

（2012年10月、鶏西市麻山の自宅で）


この証言を鮮明な記憶とともに、その場面を描き出すように曽さんは話されました。こういう方の証言を聞くことができる時間は少なくなっています。

3 無差別爆撃は国際法に違反する犯罪

◆無差別爆撃事件とは何か

1938年以降、日本軍がすでに占領した都市や台湾の飛行場から飛び立った爆撃機が、日本軍がまだ占領していない中国各地の都市に対して無差別爆撃をくり返していました。蒋介石が南京から政府を

日本軍に爆撃される重慶市（『重慶大炸集』重慶市文化局　重慶博物館　重慶紅岩革命記念館編　重慶出版社）

移した重慶に対する大規模な爆撃が知られていますが、重慶ばかりではなく、各都市に対する空爆が執拗にくり返されていたのです。

一方、第二次世界大戦が終結する前年の１９４４年11月、最初の日本本土への空襲がアメリカ軍によって行なわれていますが、翌年の３月10日の東京大空襲では、ドーナッツ状に焼夷弾を落として火《か》焔《えん》の輪をつくり、このなかで市民およそ10万人が殺されています。都市に対する無差別爆撃は非戦闘員を殺戮の対象にする行為で、国際法に違反する戦争犯罪です。

中国各地では、日本軍による空襲がくり返し行なわれていましたが、１９４３年11月４日の福建省永安の空襲を体験した高熊飛さんの証言を紹介しましょう。16機の飛行機が飛来し、約２００発の爆弾を投下し、繁華街は焼けつくされ、当時３万人いた永安市の人口のうち、１万人が罹災したといわれています。

◆高熊飛さんの証言

私は１９３９年２月、浙江省金華市で生まれました。私の両親の家は杭州市にありましたが、日本の軍国主義が侵略戦争で中国に押し寄せてきたので、父は一家４人（両親と私、妹）で親戚を頼って金華市に移りましたが、すぐに浙江省衢州市に移らざるを得ませんでした。

１９４１年、父は１人で福建省に仕事に行きました。１９４２年６月、日本軍は衢州市に侵入し、市街を占領しました。私と母は20キロメートルほど離れた山深い石屏郷に避難しました。母は農家のかたわらにあった牛小屋で２番目の妹を出産しました。私たち４人は野草を食べて生き延びていました。８月下旬、日本軍は衢州市から引き揚げはじめました。家は爆弾で破壊され、住むことはできませんでしたし、日本軍がまた攻めてくるのが

高熊飛さん（1998年12月29日、杭州の自宅で、大谷撮影）

怖かったので、たくさんの逃げる人びとの後について、200キロメートル離れた福建省の浦城まで歩いて逃げることにしました。

昼の間は日本軍の攻撃があったので、朝と夜だけ歩きました。1日に2キロメートルほどしか移動できませんでした。日本軍の機銃掃射でたくさんの人が亡くなったのを見ました。およそ100日かかって浦城に到着しました。途中で父と出会って1943年春、福建省の戦時省都・永安市にたどりつき、東門街の民家を借りて住むようになりました。

その年の11月4日午後1時頃、永安市は日本軍の16機の飛行機の来襲を受けました。200余発の爆弾が投下されました。父は南平市に出張していて留守で、母は1人で小さな子ども（1歳と3歳の妹、4歳の私）を育てていました。私と母はそのとき、昼食を食べていました。母は、私たちを食卓の下にいれました。2人の妹は床にふせ、ふとんがかけられました。母と私は椅子の下にうずくまって、ふとんの端を掴んでいました。

私たちから6〜7メートル先の中庭に1発の爆弾が落ちました。一瞬のうちに私は右腕を失い、気を失ってしまいました。右腕はどこへ飛んでいったかわからなくなっていました。母の右腕は皮一枚でつながっていました。天井も床も至るところ血だらけになっていました。母も私も気を失ってしまったのです。

近所の人たちが私たちを見つけ、傷口を麻縄でしばり、戸板に乗せ、救急所に運んでくれました。救急所に着いたのは午後2時頃です。そこには数十人の人が長い列をつくっていました。2時半頃医者が私たちを診てくれました。医者は連れてきた人たちに「ここでは治療は無理なので、すぐに病院に運べ」と指示しました。その場で私たちに強心剤を注射してくれました。

近所の人たちは私たちをまた戸板に乗せ、燃えさかっている町を抜け、北門を出て燕江を渡り、福建省立医院往院部に運んでくれました。着いたときはすでに夕暮れになっていました。病院の前にも重傷の人が待っていました。

私たちは死んでしまったと思われ、畑のほうにほったらかしにされました。医者は最初に診てくれましたが、まわりの人は「死んでいるから助けなくてもいい」と医者に言っていました。院長さんは「本当に死んでいるか、自分で見て判断する」と言いました。それぞれの人の瞳孔が開いていないのを確認して「子どもと女の人をまず診る」と言いました。このことが幸運だったのです。母の手術は8時半ぐらいまで3時間ほどかかりました。病院のなかには薬もなく、輸血の感染を防ぐため、4センチメートル多めに（私は7センチメートルほど）切られました。私は手術の間、合計4回気を失ったのです。当時着ていた服は病院の玄関に置いてありましたが、衛生員が持っていってしまいました。母は手術したときに体から出てきた弾片を1956年頃まで保管して持っていました。

つぎの日、昼頃に父が南平から帰ってきました。近所の人たちから私たちが病院にいることを知らされましたが、死んでいるか、生きているのかわかりませんでした。父が病院に着いたとき、すでに手術は終わり、腕は切断されていて、意識も戻っていませんでした。3日目になってやっと意識が戻りました。

家は燃えて灰になっていました。わが家の親しい友人も日本軍の爆弾の犠牲になって命を落としてしまいました。道路はほとんど壊され、残っている壁には血や皮膚が張りついていたりしました。当時（人口）３万人の永安市で１万人が罹災し、百貨店が１軒、飲食店が１軒残っているだけでした。もっともにぎやかなところは焼きつくされてしまいました。

その後の私の人生は、右腕がないために困難がつきまといました。４歳の時に右腕を失ったのです。発育にも影響しました。右肩と右肺の発育が悪く、病気がちになっていたのです。寒いときには、なくなった右腕のところに鈍痛が走ります。

母も右腕を失いました。30歳でしたが、仕事もできなくなりました。自分が食べるのも大変でしたし、子どもたちにもごはんを食べさせなければなりません。退院した後、44年の春には２回も病院にかつぎ込まれました。

１９４７年には祖父がいる実家に帰りましたが、祖父から私たち一家は大変な差別を受けました。働きもせず、食べるだけで身なりも乞食みたいに汚いというのです。母は何度も自殺しようとしました。翌年春、祖父からののしられことから、橋から飛び降りて自殺を図りました。３番目の叔父に川から助け出されましたが、そのとき、母は村中に聞こえるような大声で「こんなにつらい思いをするのは日本人のせい。家族に被害をもたらして、どうしようもない」と叫びました。村人たちは「自殺してはいけない。子どもたちを置いていってはいけない。日本政府にきっとつぐなわせる」と母を励ましました。

高熊飛さんの証言を聞く集会

私も右腕がないためにさまざまな差別を受けました。子どもたちが私のことをあざ笑いました。髪の毛をひっぱられたり、えり口から泥を注ぎ込まれたこともあります。私は小さい頃、よくいじめられて泣いて家に帰ってきました。理由もなく、ビンタをはられたこともあります。それでも抵抗しないのを見て大声で笑ったりするのです。知らない土地に行くと「オーイ、かたわが来たぞ」と見せものにされたこともあります。父と母が一緒でも同じことが起こりました。小さいときどうしてこんな目に遭うのかわかりませんでした。４年経っても飛行機の音を聞くだけで気絶してしまう後遺症が残りました。

１９５３年に中学を卒業しました。８月に高校の入学試験がありましたが、受け入れてくれる高校は１つもありませんでした。さまざまな理由をつけて、入学を断られました。「国は障害者の教育をするひまがあったら、健常者を教育する」というのです。

そのことを新聞に投書すると、その記事を読んで教育長が面接をしてくれました。私の実力を認めてくれて高校に入れました。大学進学の時も困難がありました。当時の規定では、身体障害のある者は理科系に進学することができず、中国文学・政治・歴史などの学科にしか進学できませんでした。国の建設のためということで最後は理科系に進学することが認められました。そして、上海の復旦大学の数学部に進学し、１９６２年、江西省教育学院の教師として就職することができました。（１９９８年12月28日、杭州にて大谷聞き取り）

◆裁判では何が争われ、どんな判決が出たか

高さんの「無差別爆撃事件」も、南京事件の李秀英さん、７３１部隊事件の敬蘭芝さんの裁判と一括して、「南京大虐殺・７３１部隊・無差別爆撃事件裁判」として進めることになりました。この裁判にあわせて高さんが来日したとき、全国の歴史教師の集まりで、模擬法廷が行なわれました。高さんが体験を語り、弁護士役、裁判官役を市民が担当しましたが、白熱した裁判がくり広げられました。

模擬裁判では、被告の国側は証人尋問の必要を認めず、法律論だけで判決を出すことを主張し、その論拠として「長い時間の経過」で原告の訴えの権利はなくなっている、といういわゆる「除斥」論を展開しました。また、戦前には「国家賠償法」はなく、国に責任はない、という「国家無答責」の法理を

展開しました。

実際の裁判の経過でも国側は同様の主張を行ないました。

「南京大虐殺・731部隊・無差別爆撃事件裁判」は最高裁まで進みましたが、2007年5月、最高裁は被害者らの請求を棄却してしまいました。

4　平頂山村であった3000人の虐殺

◆平頂山事件とは何か

1931年9月18日、瀋陽郊外の柳条湖付近で南満州鉄道の線路が爆破されました。これが満州事変のきっかけになった「柳条湖事件」ですが、この爆破は中国軍の仕業とした関東軍は、中国軍を攻撃し、翌年の2月には満州一帯を占領してしまいました。実は、この爆破事件は関東軍がしかけたものでした。

3月には「満洲国」の建国が宣言され、9月15日には、「日満議定書」が締結されるという、関東軍の武力を背景にした「傀儡《かいらい》国家」の誕生でした。翌年3月、中華民国政府が国際連盟に訴え、リットン調査団が派遣されました。日本による「満州国」建国を認めない勧告案が国際連盟で採択され、日本は国際連盟を脱退する事態になりました。国際連盟からの脱退によって「世界の孤児」になった日本は、さらに戦争への道に突き進んでいきます。

「満州国」の建国に対して中国のあらゆる階層の人びとが反発して、各地で反日行動や日本軍に対するゲリラ活動が頻発するようになりました。1932年9月15日、撫順炭鉱を警備していた日本軍の独立守備隊を「大刀会」という中国のゲリラ部隊が襲撃しました。満州には豊富な鉱物資源があり、とりわけ撫順市には露天掘りができる良質な炭鉱があり、以前から日本が積極的に開発していました。

ゲリラの襲撃によって守備隊に5人ほどの犠牲が出ましたが、翌朝16日、日本軍は「『匪賊』が村を通過したのに、通報しなかった」ことを口実に、撫順郊外の炭鉱労働者が住んでいた平頂山村を報復襲撃しています。3000人ほどの村人、そこに居合わせた中国人を虐殺しています。

この事件は日本軍の一兵士が逸脱行為をした偶発的なものではなく、日本軍が組織的に行なった軍事行動でした。当時の中国政府が国際連盟に訴え、平頂山での日本軍の住民虐殺に抗議しています。しかし、これに対して日本政府は11月30日に声明を出し、「9月15日、撫順に隣接する村々に身を隠していた非正規軍や共産党員からなる2000人の部隊が撫順の街に奇襲攻撃をかけ、多くの建物に火を放ち、そこに駐屯していた日本軍隊に攻撃すら行なった。翌日、日本兵の一中隊が千金堡村に彼等の捜索のため派遣されたが、村に入るや否や襲撃され、30分間の戦闘が生じた。奇襲者たちは村から追い払われたが、戦闘中、その場所の大半が炎により壊滅した」と、事件が中国人によって引き起こされたこと、正当なる反撃行動だったことを弁明しました。この日本政府の公式発言は、いまに至るまで訂正されていません。

◆楊宝山さんの証言

1932年9月16日、私は10歳でした。家族は両親と弟の4人でした。両親は40歳ぐらい、弟は5歳でした。父は撫順炭鉱で働いていました。日本軍はトラックに乗ってやってきました。記念写真を撮ると言って村人全部を集めました。みんなはこれから何をされるかまったくわかりませんでした。私は小さかったので、写真がどういうものかもわかりませんでした。遊びに行くような気持ちでした。両親は写真撮影だと思って立って待っていました。

日本兵は機関銃に黒い布きれをかぶせて、写真機だと思わせていました。日本兵は全部そろったのを確認してから、司令官が号令をかけて一斉に射撃をはじめました。1回目の射撃のときはお母さんが私を抱いて守ってくれました。お母さんも私も生きていました。トラックの音が聞こえなくなったので、日本軍は帰ったのだと思いました。だれかが「逃げろ」と言いました。そのとき2回目の射撃がありました。

楊宝山さん（1996年8月7日、撫順、大谷撮影）

お父さんはすでに1回目の射撃で私の足元に倒れていました。お母さんは2回目の射撃で頭や腹から血が流れ出し、その血が私の口に入りました。その味で母の死を知りました。射撃の後、日本兵は銃剣で1人ひとりを確認していきました。私は死んだふりをしていました。両親にかばわれた子どもたちははって山を登り逃げようとしましたが、すべて日本兵に撃たれました。午後4時から5時ぐらいに雨が降り、今度は本当に日本兵はトラックで帰りました。

私は起き上がり、まわりを見るとみんな死んでいました。妊婦のお腹が裂かれ、胎児が取り出されているのも見ました。まだ生きている子どももいましたが、骨折や傷で泣いていました。私自身も銃で股を撃たれ、傷ついていましたが、その場から逃げ出しました。

ある農家に逃げ込んで、働いて食べさせてもらいました。股に弾が入ったままでしたが「ころんで怪我をした」と言っていました。毎日のように日本兵が平頂山事件の生き残りをさがしているので、だれにも事件のことは怖くて言えませんでした。股の弾は畑で働いているうちだんだん表面に出てきました。あるとき、おばあさんに針でとってもらいました。

われわれ中国人民は日本軍が中国でしたことに対し、憎しみを持っています。日本政府は「平頂山事件は日本軍がやったことではない」などと言っているそうですが、私が述べたことは事実です。友好のために来てくださっている方は心から歓迎しますが、侵略の事実を認めず、謝罪しない人は心から憎みます。（1996年8月3日、撫順にて大谷聞き取り。2012年4月22日逝去）

◆裁判では何が争われ、どんな判決が出たか

平頂山事件の生き残り被害者である楊宝山さんと莫徳勝さん、方素栄さんの3人が原告になり、

1996年8月14日、東京地裁に日本政府を被告として訴えました。

この裁判でも日本政府は、事実の認否を行ないませんでした。つまり、平頂山事件の事実があったともなかったとも、肝心な点を争わなかったのです。そして、国家無答責を主張して、当時の日本国には責任がない、ということを主張し続けました。

平頂山事件でも、この国家無答責の法理を適用することが妥当かどうか裁判で問われました。2001年12月19日、京都大学芝池義一教授の学者証人尋問が行なわれ、行政法の学者である芝池教授は、日本国憲法の成立によって国家賠償法が制定され、大日本帝国憲法の国家無答責の法理が廃止されたことを明らかにしたうえで、旧憲法下でも国家無答責の法理の適用は合法的な権力行使に限られる(たとえば、強制執行処分、徴税処分、印鑑証明の発布、特許の付与など)とし、ましてや外国人には適用されない、と証言しました。

2002年6月の東京地裁の判決は、国家無答責の法理を認め、原告敗訴の判決を下しました。判決は「日本軍守備隊は、中国側自衛軍の進路経路上にあった平頂山村の住民が自衛軍に通じていたとして、同村の住民を掃討することを決定し、同日朝、独立守備隊第二大隊第二中隊等の部隊が平頂山村に進入した。旧日本兵らは、同村住民のほぼ全員を同村南西側の崖下に集めて包囲し、周囲から機関銃などで一斉射撃して殺傷した後、生存者を銃剣で刺突するなどして、その大半を殺害し、同時に村の住家に放火して焼き払った」(東京地裁判決文)と事実を認定しました。

原告側が控訴して、東京高裁での審理が続きました。ある日の法廷では中国近現代史・日中関係史の専門家である駿河台大学井上久士教授が「平頂山事件は、戦闘行為の一環というものではなく、住民虐殺が目的だった」ことを証言しました。井上教授は「歴史的事実というのは、時間が経てば風化して消え去るものではありません。私はアジアの人たち、とりわけ中国の人たちと信頼関係をつくって友好的にやっていくことが日本の利益になり、アジアの繁栄につながると思っています。そのためにむしろ当時の加害国であった日本が率先して加害事実を認め、国の責任を明確にすることがどうしても必要です。正しいことをするのに遅過ぎるということはありません」とも証言しました。

また、ある日の法廷では、映像作家の高部優子さんが平頂山事件をテーマにビデオを制作し、法廷でながすことができました。高部さんは撫順で撮影を行ない、撫順市民へのインタビューや楊宝山さんの自宅に泊まり込んでの撮影を行ないました。高部さんはこの作品に「未だ癒えぬ傷」とタイトルをつけました。この映像が流された法廷では、裁判官も真剣に見入っていました。この高部優子さんは靖国神社をテーマにした日韓共同ドキュメンタリー「あんにょん・サヨナラ」や世界の人の憲法9条への声を集めた「ＲＡＩＮＢＯＷ ＷＯＲＬＤ」などの作品を制作しています。

２００５年5月13日、東京高裁の判決が申し渡されましたが、一審同様、国家無答責を認める原告敗訴の判決でした。この高裁判決の10日後、原告の一人、莫徳勝さんが亡くなってしまいました。81歳でした。

ただちに原告側は最高裁に上告しましたが、最高裁は弁護団からの上告理由書などを審理することもなく、翌年5月16日、上告棄却の決定を行ないました。１９９５年に提起された中国人戦争被害者の戦後補償裁判で最初の確定判決でした。

莫徳勝さんの来日集会「平頂山事件 裁判報告会」（1997 年 3 月 15 日、大谷撮影）

◆平頂山事件被害者への支援

１９９６年、平頂山事件の裁判がはじまると、被害者の「証言を聞く実行委員会」がつくられ、来日する莫徳勝さんの証言を聞こうと集まった市民が中心になって裁判支援を目的とする「平頂山事件勝利実行委員会」が結成されました。裁判のたびに傍聴を呼びかけ、多くの市民に関心を持ってもらうことが中心の課題でした。まだまだ日本国内では知られていない平頂山事件のことを知ってもらうことが必要でした。

研究者の間では裁判で陳述した井上久士教授を中心に平頂山事件研究会が組織され、この研究会の調査研究によって、撫順炭鉱業務年報、事件後の平頂山を取材したエドワード・ハンターの記録などの資料が発掘され、平頂山事件の全体がつぎつぎに明らかになっていきました。平頂山事件は、日本軍が住民虐殺を組織的に行なったという様相を持つ事件であることが次第に明らかにされています。

一方、平頂山事件の地元、撫順市でも「平頂山事件声援団」が結成されていきました。中国では、自由に市民運動を展開するのが困難なのですが、撫順市民が被害者を支援するために結集したのです。

２００６年、裁判が終結した後、原告になった３人以外の体験者が名乗り出てきました。長春に住む王質梅さん、撫順にいまも暮らす楊玉分さんでしたが、この２人を日本に呼んでの証言集会が２００９年と２０１１年に開かれました。

平頂山事件は南京大虐殺事件などと比較すると、日本国民にはほとんど知られていない事件です。実際、中学の歴史教科書にも書かれたことはありません。事件そのものが日本では知られていない、というだけでなく、歴史的な検証もまだ十分とはいえません。日本で平頂山事件を専門的に研究している研究者はごく少なく、事件の全体が解明されていません。そのこともあって、いまだに当時の日本軍の弁明がそのまま公式発表になっているのです。

２００５年９月、第１回平頂山事件国際シンポジウムが撫順市で開かれています。撫順市の社会科学院が全面協力し、平頂山事件の真実を明らかにし、日中間の歴史認識問題の解決への足がかりにしようというものでした。このシンポジウムには、日本からも裁判に関係した弁護士と市民約20人が参加しましたが、私もその一員に加わり、日本の学校教育で平頂山事件がどのように扱われているかの実践報告をしました。

平頂山事件の資料集

この国際シンポジウムの年から毎年、事件の起きた９月に撫順と東京で交互にシンポジウムが開かれています。

２０１４年９月には撫順で行なわれました。

日本では、平頂山事件研究会が日本国内、中国、アメリカなどに散在していた平頂山事件関連の資料を集め、膨大な『平頂山事件資料集』（井上久士・川上詩朗編、柏書房、２０１２年）を刊行しています。

5 「慰安婦」事件は日本軍による監禁だった

◆山西省「慰安婦」事件とは何か

日本の軍隊が正式に「慰安所」を開設したのは、１９３７年の南京攻略の最中といわれています。北支那方面軍参謀長「軍人軍隊ノ対住民行為ニ関スル注意ノ件通牒」という文書によると、日本軍兵士の性的欲求を満たし、日本兵の士気をあげる、性病などの感染症から兵士を守る、民間の女性に対する暴行、強かんなどを防止するなどのためと、その開設理由を説明しています。慰安婦として集められたのは、当時植民地であった朝鮮や台湾、あるいは日本国内の女性で、主に10代の少女が事情もわからないうちに、日本軍が開設した「慰安所」に連行されていきました。「慰安所」に収容された女性たちは、行動の自由を制限され、「慰安所」の管理規定によって兵士たちへの性的慰安を強制されました。

しかし、女性たちの身の上に起こった「性奴隷」状態は、さまざまな経緯とかたちがありました。たとえば、中国の山西省で起きた事件は、日本軍の管理下に置かれて運営されていたいわゆる「慰安所」とは異なる様相を持っていました。山西省に侵攻した日本軍は、占領した村の家々に押し入り、若い女性を見つけると駐屯地に連行し監禁して、「性奴隷」にしています。「従軍慰安婦」の「現地調達」型とでもいう形態で、これはフィリピン、インドネシアなどでも横行したことが報告されています。

「性奴隷」にされたのは、現地の女性に限りません。当時オランダ領であったインドネシアにはオランダ人が大勢植民していましたが、武力占領した日本軍の部隊がオランダ人女性を強制的に慰安所に監禁して、「性奴隷」にした事件が起こっています。この事件はスマラン事件と呼ばれていますが、オランダ人女性の被害者は35人にのぼり、戦後の１９４８年、バタビア臨時軍法会議で事件の関係者は有罪を申し渡されています。

さて、山西省の「慰安婦」事件は、村で小学校の教師をしていた張双兵さんが一人暮らしをしている農婦たちの存在に気づき、インタビューをしたことから、彼女たちが日本軍によって「性奴隷」にされていた事実が明らかにされたのです。１９９０年代のことでした。

◆李秀梅さんの証言

私は、山西省西蕃郷李庄村で生まれました。15歳のとき（１９４２年）の農暦8月、母と自宅にいましたが、突然４人の日本兵が入ってきました。男たちはうれしそうに「花姑娘」と言いながら入ってきたのです。当時50歳ぐらいだった母を無視して、オンドルに座っていた私のところに来て、私を連れ出しました。私は怖くて震え、泣き叫んでいましたが、口のなかに詰め物をされ、暴力的に家から連れ出されたのです。

私は両手を結わえられてロバに乗せられました。両側は兵士に固められて進圭村というところにある日本軍の駐屯地まで運ばれました。監禁された場所はこの地方によくある石洞のひとつでした。幅1・7メートル、奥行きが約3メートルあり、奥のほうの半分はオンドルになっていました。オンドルの上には麻袋やわらが置かれていて、私が連れてこられたとき、そこには2人の女性がいました。石洞のなかには便器用の桶があるだけで何もないところでした。入り口には鍵がかけられ、中国人の番人がいました。この石洞から出られたのは、排泄物を捨てにいく場合ぐらいで、そのまわりのようすはよくわかりません。

監禁されてから4～5日後、赤ら顔の「ロバ隊長」と呼ばれていた日本人が入ってきました。この隊長はまず2人の女性のうち1人を強かんし、続いて私を強かんしました。

その日から戦闘に出かける日以外は毎日、日本兵がやってきて私たち3人を強かんしました。3人の日本兵がやってきて、私たち3人を同時に強かんすることもありました。石洞のなかで順番を待つ兵士が、私たちが強かんされるのを見ていることもありました。1人の日本兵の強かんが終わると、続いて別の日本兵がすぐやってきて強かんすることもありました。

強かんは生理日でもかまわず行なわれました。私は多いときには日に10人、少ないときでも2～3人に強かんされました。私たちが抵抗すると日本兵は暴行を

李秀梅さん（2014年8月19日、山西省の自宅で、大谷撮影）

くわえました。

　私はあるときベルトで殴られ、そのときバックルが右目にあたり怪我をしました。この怪我がもとで後に右目を失明しました。革の長靴で大腿部を蹴られて怪我をし、この怪我がもとで、いまでは右足が左足より短くなっています。顔や腹、腰などはしょっちゅう殴られていました。

　私は赤ら顔の「ロバ隊長」に強かんされるまで性体験がありませんでした。日本兵による強かんは恐怖以外の何ものでもありませんでした。しかし、石洞の入り口に鍵がかけられていたし、逃げれば捕まって殺され、家族や村人にも危害がくわえられる、と思って逃げないでいました。私は結局、5カ月間石洞に閉じ込められていました。この間食事はまったく不規則で、1日に3回あるときもありましたが、1回しかないときも多くありました。冷えた粟粥、とうもろこし粥が主な食事でした。まったく食事が出されない日もありました。着るものは連れてこられたときのものしかありませんでした。強かんが続いて体が痛いときはズボンをはくこともできませんでした。私たちは5カ月間、強かんされるだけの日々を送ったのです。

　日本兵はしょっちゅう暴力をふるっていたので、私はあちこちに怪我をしました。とくに頭の傷がひどく、これが原因で強かんの対象にはならなくなりました。私が連れ出されたことを知った家族が、銀600両を出して私を解放してくださいとお願いしましたが、聞き入れてくれませんでした。しかし、怪我をして強かんできなくなるとすぐに帰したのです。私の母親は、私が連れ出されてから3カ月後に自殺していました。これは家に帰って知ったことです。

私は村人に日本兵の「慰安婦」だったことを知られているため、18歳の時、10キロメートル以上離れた村の男性と結婚せざるを得ませんでした。夫も日本軍に傷害をおわされていましたから、夫婦間で私が「慰安婦」だったことは問題になることはありませんでした。

日本兵に強かんされ続けた恐怖が心に残り、いまでも私を陵辱した日本兵に対する恨みで悶々とした日々を過ごしています、日本軍が憎いです。早く謝罪してほしいです。

（1996年7月21日、東京・日本青年館での証言を採録）

◆裁判では何が争われ、どんな判決が出たか

李秀梅さんら山西省の元「慰安婦」の女性4人は、1995年8月7日、日本政府を相手に東京地裁に裁判を起こしました。翌1996年2月23日には、さらに2人の被害者が東京地裁に裁判を起こしています。前者を一次訴訟、後者を二次訴訟と呼んでいます。一次訴訟も二次訴訟も並行して審理が進められました。

裁判では、被害者の生年月日や被害に遭った月日の正確な日付などがなかなか確定できず、提訴自体が大変な困難をともないました。自ら被害事実を証言することを決心したといっても、長い間、被害体験を家族にも隠していた方がほとんどでした。被害者が家族や村の人たちにも話さなかったことを、50年以上の歳月を経て証言すること自体が困難なことでした。事実、法廷で証言している途中で、自分に

劉面煥さん、李秀梅さんの住む村へ行く山西省の道。日本軍はこんな山奥まで侵略した。（2014年8月20日）

ふりかかった被害を思い出して証言するうちに大声で叫び出し、パニック状態に陥り、法廷が中断してしまうことも何回もありました。いまでは日本でも知られるようになったＰＴＳＤ（心的外傷後ストレス障害）でした。

１９９６年当時、まだＰＴＳＤという言葉はあまりなじみがありませんでしたが、非常につらい体験をした被害者は長い時間が経っても精神的な後遺症から立ち直れないのです。

この裁判でも被告側の国は事実の認否を行ないませんでした。裁判官は、一次訴訟は２００１年５月30日に国家無答責で、二次訴訟は２００２年３月29日に原告敗訴の判決を出しました。

これに対して一次訴訟、二次訴訟の原告側は、東京高裁に控訴しましたが、二次訴訟の控訴審のなかで被告の国は「日華平和条約により、被害者の賠償請求権は放棄された」とこれまでにない主張を展開してきました。これにはだれもがびっくりしました。

これまでとは違う論理でした。

ごく簡単にこの主張を要約すると、原告たちが被害に遭った当時、中華民国が中国を統治しており、戦後の1952年には中華民国と日本との間で「日華平和条約」が結ばれ、この条約で中華民国の国民の戦争賠償請求権が放棄されている、というものでした。

2005年3月18日の東京高裁判決は、国の主張したとおりの「日華平和条約により、被害者の賠償請求権は放棄された」という理由で、被害者の請求を棄却しました。個人の戦争賠償請求権を国家が放棄できるのか、という議論もありますが、1951年、日本はかつての連合国とサンフランシスコ講和条約を結んで、戦争の後始末を行なっており、この条約にはそれぞれの国民の賠償請求権を放棄する旨がうたわれています。一方、一次訴訟の控訴審は2004年12月15日に国家無答責で被害者敗訴の判決が出ていました。

二次訴訟の裁判は最高裁に上告されますが、めったに開かれない法廷が開かれました。上告審で法廷が開かれるのは、高裁の判決をくつがえすときだ、といわれていました。ところが最高裁の法廷も双方の言い分を聞くのではなく、いきなり「判決申し渡し」となりました。

2007年4月27日、最高裁は「日華平和条約の適用」はできず、1972年の「日中共同声明」によって、被害者の請求権は放棄された、という判決を下しました。日中共同声明は、日本と中華人民共和国の国交回復を約束したもので、「日華平和条約」の破棄が盛り込まれていました。しかし、日中共同声明では、個人の賠償請求権の放棄はうたわれておらず、国家としての賠償請求権を放棄したものと解釈されていたのです。

海南島・保亭県、海南島「慰安婦」事件被害者の家の近く（2010年11月6日、大谷撮影）

後ほど強制連行訴訟の項で紹介しますが、この日午前中、西松建設など10社の強制連行加害企業を訴えた「強制連行東京第二次訴訟」（85ページ参照）の最高裁判決で、やはり「日中共同声明」を根拠にして賠償請求権が放棄されているという原告の請求を棄却する判決が出されました。2007年4月27日の最高裁判決がその後のすべての強制連行事件を含む戦後補償事件の原告側敗訴の根拠になっていきます。

◆海南島「慰安婦」事件とは何か

もう一例、中国の海南島での「慰安婦」事件を紹介してみたいと思います。

海南島は、10ページの地図にあるように中国大陸の南端にある島で、黎族《リー》、苗族《ミャオ》、壮族《チワン》など少数民族が住んでいます。

1939年1月13日、天皇が出席する最高決定の会議である御前会議で、海南島への侵攻が決定され、陸海軍が侵略を開始しました。19日には「大本営ハ南シナニ対スル航空作戦及ビ封鎖作戦ノ基地設定ノ為海南島要部ノ攻略ヲ企図スル」と発表されています。

太平洋各地の鉱物資源の開発を目的につくられた軍需会社である石原産業が、海南島の資源開発を一手に引き受けていました。海南島は鉱物資源が豊富で、鉱産資源の安定確保を意図した軍事占領の目的も併せ持っていました。この島は九州ほどの面積で、全島を占領した日本軍は各地の駐屯地に「慰安所」を開きます。元「慰安婦」や旧日本軍兵士の証言などによって、海南島には少なくとも62カ所の慰安所があったことがわかっています。そして、この海南島はその後の東南アジア侵略の拠点になっていきます。

◆陳亜扁さんの証言

私は海南島陵水に住んでいます。1941年、14歳のとき、日本兵が村にやってきました。その年の11月か12月の寒い頃、通訳と日本兵2、3名が銃を提げてやってきました。私は炊き出しをしてほしいと言われ、駐屯地に連行されました。甲長（村長）と通訳が、「もし行かなければ両親が殴られたり、逮捕される」と言うのでその命令に逆らうことができませんでした。

日本軍の駐屯地に連れていかれると、監禁され日本兵に強かんされました。駐屯地には2歳年上の陳亜妹という同じ一族（黎族）の娘も連行されていて、同じく強かんされていました。

３カ月ほど経ったある日のことです。日本軍のカーキ色の大きなトラックが来て「藤橋」（海南島南部の村にあった「慰安所」の屋号）に連行されました。銃を持った４人の日本兵に無理矢理連れていかれたのです。抵抗したら「日本軍大隊長の命令だ。大人になったら日本に連れていく」と言いました。怖かったけれど逆らえず車に乗せられました。

藤橋ではレンガづくりの２階建ての家に住まわされました。家のなかは板敷きになっていて２階のほうに住まわされました。藤橋に連行された晩、２人の日本兵が２階に来て１人が私を押し倒して強かんし、その後もう１人も強かんしました。怖くてつらくて泣いて抵抗するとビンタを食らわされ、抵抗するたびに殴られました。その後も毎日のように日本兵がやってきては強かんしました。毎回短銃を提げていて、ことが済むとさっさと出ていきました。私は毎日泣き、食欲もありませんでした。日本兵に強かんされてから一日中体が痛くてつらくてならなかったです。

陳亜扁さん（『人民網日本語版』2014 年 7 月 11 日）

普段は部屋の外から鍵がかけられていました。昼間も家から出ることはできず、食事は日本兵が運んできましたが、食欲はなく、ほとんど食べられなかったのです。家のなかを自由に歩きまわることもゆるされませんでした。階段には扉があり、普段は鍵が閉まっていて自由に下に降りることもできませんでした。毎日運ばれてくる水で体を洗わされました。排泄は室内のたらいのなかでして、毎日中国人が捨てていました。

藤橋に来てからは黎族のタイトスカートをはくのを禁じられて、前開きの白の上着と青いスカートを着せられました。見た目を漢族のようにさせられました。このような生活が3カ月続いた後、私を藤橋に連行した人と通訳がやってきて、トラックで私を引き取り、元の駐屯地に戻しました。そこでもまた強かんされ続け、それは戦争が終わるまで続きました。

その後、26歳で結婚することができたのですが、強かんされ続けたからかなかなか子どもができず、9回妊娠して8回流産しました。ようやく女の子を1人得ることができました。いまでも強かんされたときのことを思い出すと、泣き出したり、めまいがしたり、見知らぬ男性に会うと恐怖感が走ります。村人は私が日本軍の性の対象になったことを知っていていまでも蔑視されます。(2003年12月6日、東京都武蔵野市での証言を採録)

◆裁判では何が争われ、どんな判決が出たか

中国人戦後補償裁判は1990年代に提訴されたものですが、海南島「慰安婦」事件裁判は、2000年代に入った2002年のことでした。

原告になった陳亜扁さんは中国の少数民族である黎族でした。彼女は中国語が話せませんので、裁判を準備する過程での弁護士とのやりとりも、黎語↓中国語↓日本語という二重通訳で行なわれました。

法廷では、黎語から直接日本語に通訳できる海南島の方に通訳を依頼できましたが、黎語には文字がありませんから、原告が発音する名前を中国語の音にあわせて記録するというものでした。

当初、この裁判は被害者が自分たちの名誉回復を願い、３００万円の賠償金と謝罪広告を求めていました。しかし、この裁判がはじまっても当時の小泉自民党内閣は反省するどころか、「慰安婦問題は解決済み」などと言ったため、２００４年、訴因変更という手続きを経て、ほかの「慰安婦」裁判同様、戦前の被害の救済を求める２０００万円の損害賠償裁判に切り替わりました。

裁判の過程では被害者たちの戦時中のさまざまな人権侵害の事実もさることながら、戦後に起こったさまざまな被害についても多くの弁論が行なわれました。なかでも長い間、つらい体験を隠してきたことによる精神的苦痛の認定が焦点になり、被害者たちを診察した精神科医師が、ＰＴＳＤより重い「破局的体験後の持続的人格変化」を引き起こしていると証言しました。人間は破局的な体験をすると、一時的ではなく、個性も変わってしまう、という「症状」があらわれることがその証言で明らかになりました。

この海南島の「慰安婦」事件でも、被告の国は事実の認否をしませんでした。２００6年8月30日、東京地裁は判決を言い渡しましたが、国家無答責と除斥で原告敗訴の判決でした。しかし、原告が陳述した事実はすべて事実と認定されました。事実があるのに、加害者には責任がない、日本の裁判所の奇妙な判断がここでも示されたのです。

原告側が控訴し、東京高裁では来日した何人もの被害者が、黎語や苗語で陳述を行ないました。２００9年3月26日、東京高裁での判決が言い渡されました。被害者の戦後の症状に関して一部の被害者に対しては「破局的体験後の持続的人格変化」が認定されるという進展はありましたが、請求権は存在するが、1972年の「日中共同声明」で請求権が放棄されているので、日本政府の賠償責任はない、という判決が下されました。

6　強制連行の動員目標は閣議決定だった

◆中国人強制連行事件とは何か

日本は中国大陸ばかりでなく、東南アジアにまで戦線を広げ、最後はアメリカとイギリスを主力とする連合軍との戦争に突き進んでいきました。1941年12月8日、日本は真珠湾とマレー半島を攻撃してアメリカとイギリスに宣戦布告しますが、日本国内では、成年男子が兵役にとられ、労働力が不足してきました。1938年4月の「国家総動員法」によって女性や少年なども労働現場に勤労動員されましたが、労働力不足を補うことはできませんでした。また、当時、併合していた朝鮮半島から朝鮮人労働者を多量に「移入」していましたが、深刻な労働力不足は解消されませんでした。とりわけ、鉱山や炭鉱の現場、港湾での荷役作業、ダム工事の現場では若い頑強な労働力が極端に不足していました。

そこで、1942年11月27日、「華人労務者内地移入ニ関スル件」と題する閣議決定によって中国人労働者の「移入」が決定されました。この閣議決定は「内地ニ於ケル労務需給ハ愈々逼迫ヲ来タシ特ニ重筋労働部面ニ於ケル労力不足ノ著シキ現状ニ鑑ミ左記要領ニ依リ華人労務者ヲ内地ニ移入シ以テ大東

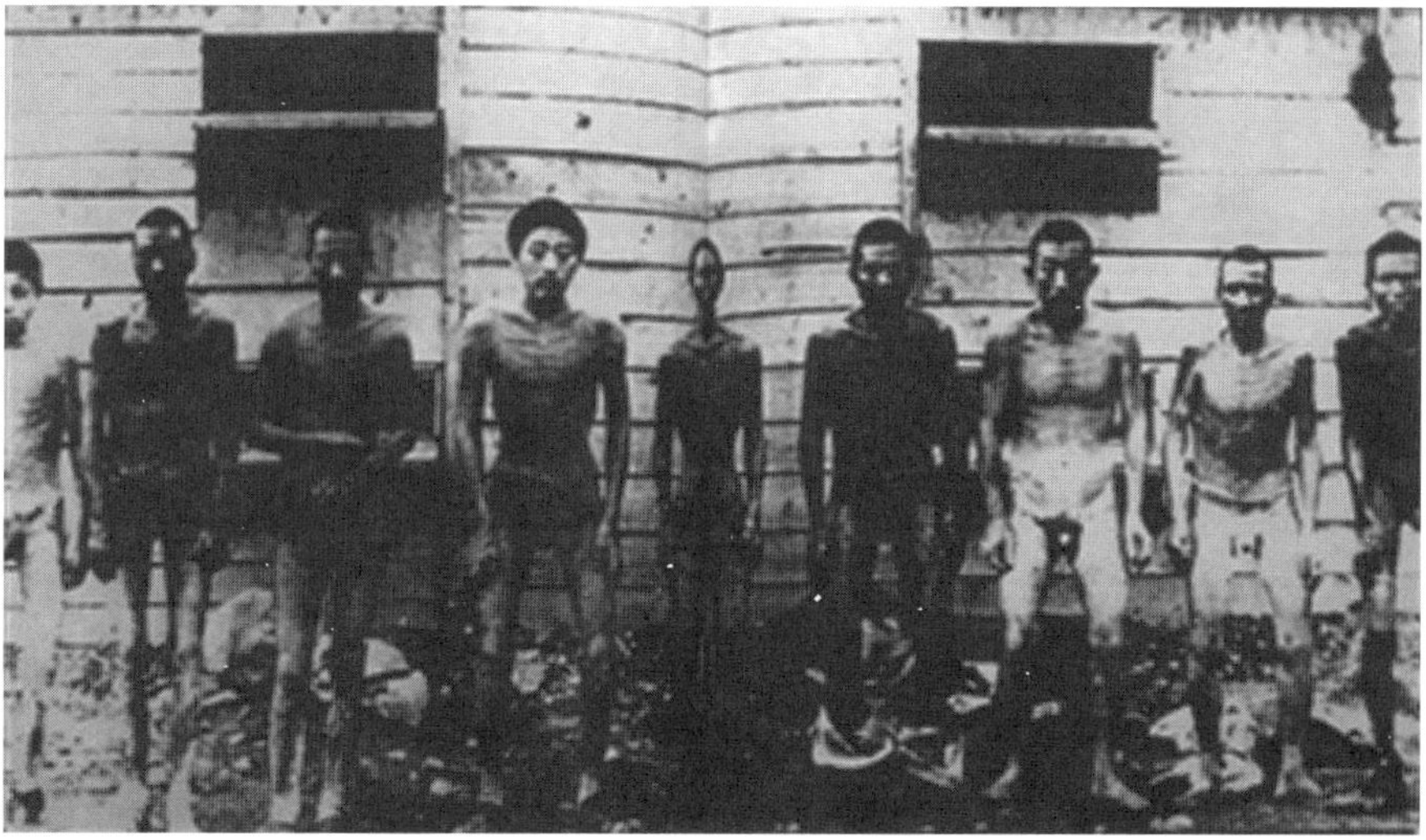

花岡鉱山に強制連行された中国人労働者

共栄圏建設ノ遂行ニ協力セシメントス」というものでした。１９４３年に閣議決定された「昭和19年度国民動員実施計画」では、朝鮮人労働者29万人の内地移入のほか、中国人労働者３万人の本格移入を実施する旨の方針を決定しています。

これらの閣議決定の背景には、極端な労働力不足に悩んでいた企業要請があったのです。戦後になって、これらの企業は国策なので仕方なく中国人労働者を受け入れた、と弁明していますが、北海道の地崎組の社長・地崎宇三郎などが１９４２年、政府に中国人労働者の「移入」を要請したことが、石炭・金属鉱業連合会「労働力補充陳情書」という文書に残っています。

当時の政府は「労働者の移入」と呼んでいましたが、中国の街や村から若い男性を軍隊が拉致連行し、日本国内に移送して企業に労働力として提供したのです。北海道から九州までの35社１３５事業所が、「労働者の移入」を受け入れています。

その規模は4万人近い数字になっています。この強制連行問題では、閣議決定による国の施策だったので、戦後、外務省の記録にはっきりした数字が残されています。その集計によると3万8935人が中国から日本に連行され、そのうち日本の労働現場で6830人が死亡したと記録されています。死亡率は実に17・5％にもなります。

この記録は戦後、外務省が強制連行者を受け入れた企業を調査して、その氏名と状況について記録したものでした。当初、外務省はこの資料はなくなったと報告していましたが、1993年にNHKが「幻の外務省報告書」という番組を放映し、その現存が明らかにされました。隠し通せなくなって公表されたのが、この報告書でした。この報告書には死亡原因などに多々虚偽の記載がありますが、連行時の強制性、労働現場での過酷な状況をうかがい知ることができます。

実は、「労働者の移入」を受け入れた企業は戦後になって、労働者の受け入れで被害を被ったと政府に申し出て、補償金まで受け取っていました。被った被害というのは賃金を支払い、労働環境を整えたなどというものでしたが、たとえば炭鉱で強制労働を強いておきながら一銭の賃金も支払っていないにもかかわらず、戦後、現在の貨幣価値に換算すると数十億円にものぼる補償金を受け取っているのです。1946年に35社に総額5672万円（当時の金額）が政府から補償金として支払われています。現在の貨幣価値に直せば、数百億円にのぼります。

中国人強制連行の被害者は1996年から全国各地の地方裁判所に提訴しはじめ、北海道、山形、新潟、石川、長野、群馬、京都、広島、福岡、長崎、宮崎の各地で裁判がはじまりました。

◆劉連仁さんの証言

私は1913年生まれで、山東省諸城県柴溝郡草泊村に住んでいました。1944年8月のある日、法事の手伝いをしようと家を出たとたんに日本軍に協力する中国人に捕まりました。当時私は結婚していて、貧しい農家でした。妻は妊娠していました。役場まで連行され、日本軍に引き渡されました。たくさんの男たちと一緒に高密駅まで歩きました。200人ほどいたと思います。駅で逃げようとして日本兵に発砲され、頭に傷を負いました。

列車で港のある青島まで行き、高圧電流の流れる柵のある収容所に1週間ほど入れられました。その後800名ほどの男たちと貨物船に乗せられました。貨物船で九州の門司港に着きました。そしてさらに列車を乗り継いで北海道の奥地の炭鉱に連行されたのです。そのときはどこに連行されたのかわかりませんでしたが、後にそこは沼田村の郊外の「明治鉱業株式会社昭和鉱業所」だと知りました。そこに着いたときはもう11月になっていて、雪も降っていました。

1998年、裁判で来日した劉連仁さん
（『日中友好新聞』2012年2月5日）

仕事は石炭の掘削と運搬でした。朝暗いうちから炭坑に入り、出てくるのは夕方暗くなってからです。太陽の光を見ることはめったにありませんでした。時計がないのでよくわかりませんが、1日12時間は働いたと思います。ぐずぐずしていたりすると日本人の監督にこっぴどくひっぱたかれたり、スコップで殴られたりします。休日はなく、休憩もわずか10分程度です。その間に饅頭1個が配られ「食え」と言われておしまいです。多くの人が衰弱したり、殴られたりして殺されました。

１９４５年7月末のある日、日本人の監督に殴られもみあいになりました。日本人監督が助っ人を呼びにいっているすきにここから逃げ出しました。仲間４人と一緒でした。そこから逃亡生活がはじまりました。このときはまだ夏だったので食べるものは何とかさがすことができました。どこへ逃げてよいかもわからず、逃げ続けました。見つかったら殺されるという思いでいっぱいでした。そのうちに仲間とはぐれ、最後は一人ぼっちになりました。冬になると北海道の山のなかは豪雪になります。食べるものもないので、雪のなかに穴を掘り、熊のようにじっとしていました。春になっても体がすぐには動かず少しずつ移動していました。

13年間（もちろんカレンダーがないので時間はわかりません）もの間、北海道の山のなかを逃げていましたが、ある冬の日に狩りに来た人に捕まりました。警察に連行されましたが、最初は何が何だかわかりません。北海道在住の中国の方の助けで東京に行き、そこから船でやっと帰国できました。連行されたとき身重だった妻からは子どもが生まれ、14歳になっていました。（１９９７年3月7日、東京での証言を採録。２０００年9月2日逝去）

◆裁判では何が争われ、どんな判決が出たか

劉連仁さんが東京地裁に提訴したのは、1996年3月25日のことです。日本国を被告として、強制連行の事実認定を求め、戦後の救済義務違反を主張しました。ちなみに劉さんが就労していた明治鉱業は戦後解散してしまったので、国のみを被告にしていました。

裁判のために何度も来日し、法廷での証言とともに日本全国をまわり、証言集会に参加しました。あまり知られていない中国人強制連行の問題のなかで、劉連仁さんの「北海道の山のなかを13年間も逃げていた」という体験は多くの人びとが中国人強制連行に関心を持つきっかけになりました。

提訴する1年前の1995年8月、このとき劉連仁さんはすでに83歳でしたが、救出された北海道の当別町を訪問し、救出に貢献した旧知の方々と交流しました。札幌の市民集会では100人ほどの市民を前に「私たちが強制連行された事実を日本政府は認め、若い世代に正しい教育をしてほしい」と語りました。

東京地裁の裁判では、被告の国は事件の内容にはふれない法廷戦術をとっているようで、除斥を主張するばかりで、早く結論を出せと迫っていました。裁判が大詰めに近づいた2000年9月、原告の劉連仁さんが亡くなりましたが、裁判は長男の劉煥新さんが引き継ぎました。

2001年7月11日、東京地裁の判決日を迎え、満員の傍聴席を前に裁判長の判決朗読がはじまりました。判決文の朗読は「主文」つまり結論が最初に読まれ、その後に判決理由が述べられる、というのが通例になっていますが、最近では裁判長が「主文」だけ読んで、判決理由を伝えずに退廷してしまうという判決言い渡しが増えてきました。でも、公権力が裁くわけですから、公開の場でなぜその判決に

なったかを説明する義務があるはずです。

この日の判決申し渡しでは、裁判長が「まず、判決理由を述べます」として、原告の主張、国の主張の概略を説明し、裁判所の判断を説明していきました。判決理由の朗読を聞いているうち、原告の勝訴を確信しました。実際、最後の「主文」では、裁判長は国に対して、２０００万円の支払いを命じました。被告である国の除斥の主張についても、「国が時の経過により責任を免れることは正義・公平の理念に著しく反する」と明確な判断を示しました。こんなひどいことは何年前のことでもきちんと裁くべきだ、ということです。戦後13年間も逃亡生活を続けたことについても、国の救済義務違反を認定しました。原告の勝利判決でした。

国はこの判決を不服として控訴し、東京高裁での審理がはじまりました。控訴審の過程で弁護団や裁判支援者たちは、劉連仁さんが送り込まれた北海道の「明治鉱業株式会社昭和鉱業所」跡などの現地調査を行ない、劉連仁さんの逃亡生活の苦難を実証することに努めました。また、裁判の期間中に、さきほど紹介した「外務省報告書」が存在することが明らかになり、法廷に証拠として提出させ、これらの証拠によって国の責任が一層明白になりました。

２００５年６月23日に高裁判決の判決が申し渡されました。原告の「逆転敗訴」でした。控訴審判決は「除斥」を適用して、国の責任なし、としたのです。

今度は被害者側が最高裁に上告しましたが、最高裁は何の審理もしないまま2年間放置し、２００７年４月に一片の通知文書で、原告側の請求を棄却し、二審の判決が確定しました。

◆山形に強制連行された中国人

中国から強制連行された人びとの多くは北海道や九州の炭鉱や鉱山、山奥でのダム建設などに従事させられました。徴兵制のもとで日本国内の若い男性労働力が軍隊に徴兵されてしまい、不足した労働力を植民地であった朝鮮半島や、軍事占領した中国各地から「移入」する政策が導入されたのでした。

労働力が「移入」された現場は、炭鉱や山奥の工事現場だけではなく、全国各地の港湾にも送り込まれました。いまでは、船からの貨物の陸揚げは大型のガントリークレーンでコンテナごと行ないますが、機械がなかった時代は荷物の陸揚げや積み込みはすべて人間の力に頼っていました。船に渡された板一枚の上を重い荷物を担い往復する荷役はとても重労働でした。ここにも強制連行された人びとが投入されたのです。荷物を担いだまま、海に転落する事故も後を絶ちませんでした。

全国の港湾で「移入」を受け入れたのは、もっぱら地方の小規模の荷役業者でした。つぎの記録は、山形県の酒田港で荷役業をしていた「酒田海陸」に移入された中国人、檀蔭春さんの証言です。

◆檀蔭春さんの証言

1944年12月に河北省唐山市の家の近くの駅前で服を売っていたときに日本軍の兵士に捕まりました。22歳でした。塘沽《タンクー》を経て貨物船で日本に連行されました。船で21日間かかり、さらに列車で山形県の酒田港に運ばれました。塘沽を出たとき7日分の食料しか与えられていなかったので空腹でした。到着後はおかゆを与えられました。

仕事はなく草履を編んでいましたが、翌年1月から仕事がはじまり、日本人監督から石炭の運び方を習いました。主な仕事は船から石炭を下ろして貨車に積み込む作業でした。連行されてきた200人が中隊・小隊・班に編制され、1班23人でした。

重さ50キログラムくらいの石炭を天秤棒などを使って40メートルぐらいの距離を運ぶ作業で、朝6時から夜8時頃まで働きました。月に何度かは10時や12時頃までの残業がありました。休憩は昼食時間に1時間あるだけでした。仕事中に休むと日本人監督に棒で殴られました。船に架かる橋から落ちて怪我をした者もいましたが、医者はいませんでした。

200人のうち、31人が死にました。賃金はもらえませんでした。船から岸壁に石炭を下ろす作業もしました。船倉に大きな網が下ろされ、その網に石炭を載せると、クレーンで網が吊り上げられ、岸壁に下ろされます。私は（船倉で）網のなかに石炭を入れる作業をしました。

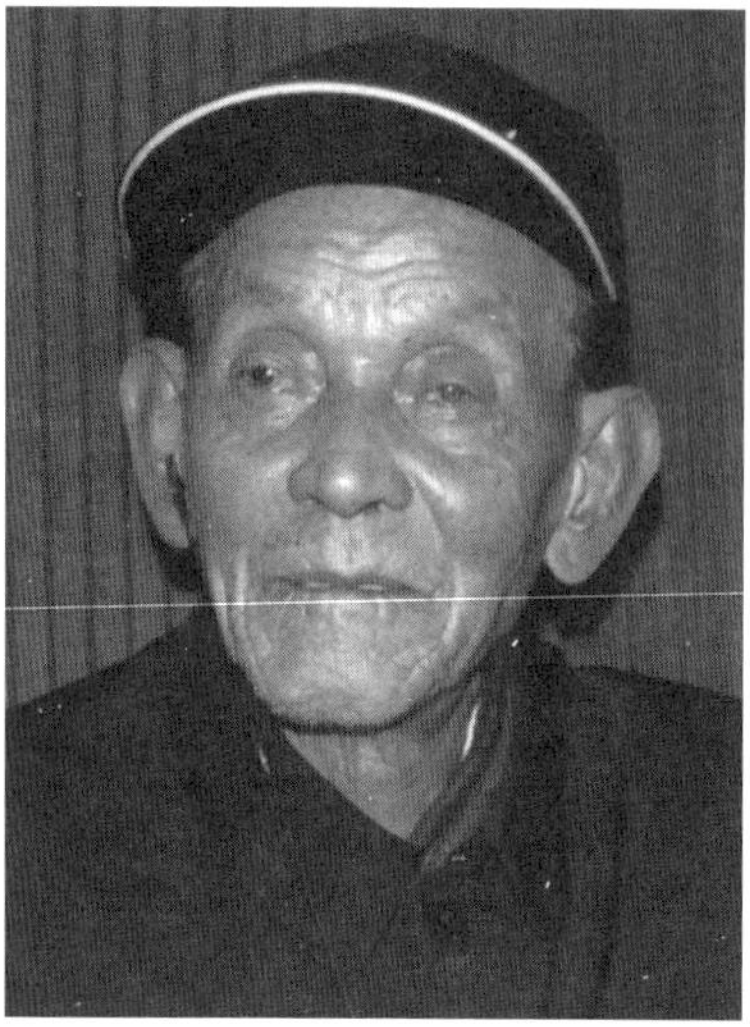
檀蔭春さん（2009年11月20日、大谷撮影）

冬の服装は天津でもらった綿入れの防寒具と麻袋でつくった服だけ。夏は綿入れの綿が抜けて布だけになったものを着ていました。靴はボロボロになったので、日本に来てから自分で編んだ草履を履いていました。

日本で支給されたのは最初の1着だけ。雨や雪のときは簑をかぶりました。麻の服が破れても縫うことはできず、針金で縛っていました。汚れは天気のよい日に海で洗いました。夜は着ているものを汚さないように全部脱いで裸で寝ました。敷布の配給が3～4人に1枚だったので、体をくっつけて寝ました。宿舎に暖房はありませんでした。屋外に風呂がありましたが、火事の危険のため使用禁止でした。1回だけ支給された地下足袋は足が切れるので、履きませんでした。寒いときの手袋もありません。

食事は小さい饅頭が1回2個で、1日6個でした。長さ10センチメートル、厚さ2センチメートルぐらいの黒い色の楕円形の饅頭で、いつも同じでした。遅くまで働いた日は小麦粉をいれたスープが出ましたが、そのときは饅頭が小さくなっていました。空腹のため、海に浮いていた海草を拾って食べました。

寝ていた場所は、1班に1列のわらを積み上げてつくった長いベッド。わらの上に厚さ1センチメートルくらいの布を敷いていました。塘沽を出発するとき、かけぶとんが1人1枚支給されていましたが、汚れても交換できませんでした。夏は湿気がすごかったのですが、干すことができませんでした。ノミやシラミがたくさんいました。

宿舎での食事はそのベッドに座って食べました。饅頭を口に入れるだけですので、すぐ終わりました。食事が少なく体力が落ちて病気になる者もいましたが、仕事を休むと饅頭が半分になるので、無理をして働いていました。無理をして働きながら衰弱して死んでいった人も多くいます。

日本が歴史を直視し、中国の被害者に謝罪と賠償をすることを求めます。歴史を教訓として、日中平和のために貢献してほしいです。（２００８年11月13日、仙台高裁の本人尋問より採録。２０１１年2月21日逝去）

◆山形の裁判では何が争われ、どんな判決が出たか

山形地裁に訴え出た檀蔭春さんの裁判は、２００４年12月17日、ほかの中国人強制連行の裁判にくらべても、その提訴は比較的遅いものでした。このときはすでに東京地裁で劉連仁さんの勝訴判決（72ページ参照）が出ていました。

酒田港にも強制連行された中国人が存在していたという事実を調べた山形市在住の高橋幸喜さんが、「外務省報告書」を手掛かりにした中国の被害者宛てに手紙で照会し、被害者から返事をもらったことがきっかけになり、２０００年4月には「酒田港中国人強制連行を考える会」が結成されています。２００２年11月に来日した被害者の証言集会が山形県内４カ所で行なわれ、のべ７００人の市民が参加しています。

酒田港の荷役は、酒田海陸という酒田の会社が請け負っていました。酒田港に入港する船から主に石炭を積み降ろす作業に中国から強制連行された人びとが従事していたのです。中国人強制連行は日本政府が閣議決定をして起こったことですが、実際に労働者を使ったのは企業です。そこで、日本国政府と酒田海陸の二者を被告として山形地裁に提訴しました。酒田海陸運送株式会社は１９４２年7月、港湾運送事業を目的に酒田港関係業者8社が合同して創立した会社で現在も営業しています。

請求の内容は、国と企業・酒田海陸に対して、強制連行・強制労働に対する謝罪と1人当たり

2000万円の賠償を求めるものです。

地元企業を相手にすることもあって、地元での提訴にはさまざまな困難がありました。何度も学習会、集会を重ね、支援者を増やしていくなかで裁判への支援体制が整っていきました。

裁判の過程で酒田海陸は、当時は日本人も困難な労働条件で働いていたわけで、それにくらべて中国人労働者がとくに劣悪な条件で働いていたのではない、などと弁明をしました。

しかし、1日の労働時間、労働安全の配慮、宿舎の状況、食事の内容などが日本人労働者とくらべてもひどいものであったことは、被害者本人の証言からも明らかでした。

2008年2月12日、吹雪の山形で判決の申し渡しがありました。請求棄却の原告敗訴の判決でした。会社側が日本人とくらべて劣悪ではなかったとした待遇について、「中国人労働者が、外出又は逃亡できない施設に収容され、かつ衛生状態や食糧事情など劣悪な環境のもと、過酷な労働を強いられたという事実認定ができる」として、会社ばかりでなく、「国にも不法行為の責任がある」と認定しました。つまり、国にも安全配慮義務があり、企業に対して指導すべき立場にありながらこれを怠ったと指摘しました。

通常なら、この点で原告勝訴の判決が下されるはずですが、「日中共同声明により中国人戦争被害者の請求権は放棄された」という最高裁判決（2007年4月27日、60ページ参照）を理由にして原告の請求を棄却したのです。

控訴審では高裁がある地域で控訴する必要があり、仙台高等裁判所で審理がはじまりました。

2009年11月20日、仙台高裁は1年9カ月のスピード審理で結審し、一審で認められていた国の安全

山形で行なわれたデモ行進（2007年11月18日、大谷撮影）

配慮義務違反も認めず、国家無答責の主張の無効性も否定する控訴棄却の判決でした。

しかし、裁判官は「本件被害者は強制労働等により、きわめて大きな精神的・肉体的苦痛を被ったことが明らかになった。その被害者に対して、任意の被害救済が図られることが望ましく、これに向けた関係者の真摯な努力が期待されるところである」と述べ、裁判官の良心と最高裁判決の板挟みになっている状況が見て取られました。原告側は最高裁に上告しましたが、これも一片の通知で上告棄却となってしまいました。

◆福岡の炭鉱に強制連行・強制労働させられた中国人

福岡県は戦時中、日本のエネルギー資源の主力であった石炭産出量が日本一でした。三井鉱山と三菱鉱業がその中心でしたが、徴兵で労働力不足に陥り、中国人の労働力が「移入」されていきます。

企業別には、三井が全国で５５８９名という数の中国人を働かせていました。これに次いだのが三菱で２７０９名でした。中国人の労務者の死亡率は驚くほど高率でした。三井の死亡数は１０７２名（19・2％）、三菱では４６６名（16・5％）です。約2年間の死亡率ですから、労働者を人間として扱っていなかったといえます。

中国各地で集められた人びとはじめ、河北省や山東省の収容所に収容され、そこから青島や塘沽の港から船に乗せられ、下関や門司の港に上陸し、全国各地の労働現場に送られていきました。上陸地から近く、労働力の需要が旺盛だった福岡の炭鉱に多くの労働者が振り当てられたと考えられます。

移送の過程でも多くの人が劣悪な衛生状態のなかで病に倒れ、船内で死亡した人はそのまま遺体を海に放り投げられました。この場合は、日本上陸前の死亡ということで、移送者の人数にすら入っていません。

14歳で福岡の三井三池炭鉱に強制連行された田春生さんの証言を紹介しましょう。

◆田春生さんの証言

私は、山西省晋城の南庄村に１９２９年3月8日に生まれました。１９４３年5月、父親の姫富義に連れられて、河南省洛陽の青皐に出稼ぎに行き、麦の収穫の仕事をしていました。当時14歳でした。

父と畑で仕事をしていたところ、日本兵とその手先となった中国人の警備隊（日本軍の占領地区では、日本軍のいうことを聞いた中国人を警備隊として雇った）がいきなり私たちを取り囲んだのを記憶しています。私と父はその土地の者ではなく、逃げられずに捕まりました。日本兵は手に銃を持ち、私たちを連行して汽車に乗せました。塘沽では、三重の鉄条網で囲った飯場に拘束されました。

日本軍に捕まって6カ月経った旧暦の12月、私たちは小さい貨物船に押し込められました。どこに行くのかわからず、船に乗った後に日本に行くことを知りました。何も見えない船底に1カ月と3日詰め込まれていました。

上陸したのはどこの港かわかりません。日本兵に護送され、汽車で最終的に福岡の三井三池鉱業所万田坑に連れていかれました。

私たちは年齢によって分けられ、50歳以上が1隊、中年の者が1隊、私のように幼い者が1隊というふうに分けられました。このとき、私は父と強制的に引き離されました。

田春生さん（2009年3月9日、大谷撮影）

私は、坑内の清掃をしたり、巻き揚げ機を運転する仕事をしました。中年の者はシャベルでトロッコに石炭を入れる作業や、年老いた者は坑道に木の杭を打ちつけることをしました。労賃は出ませんでした。だれもあえて要求せず、1日の休みもなく、毎日3交替で働きました。

当時、私がいたのは、木造の収容所でした。床は板張りの広間で、1つの部屋に70～80人が雑魚寝していました。冬は暖を取るストーブもなく、生活は非常につらいものでした。見張りの日本兵はみな銃を持っていました。仕事の靴は1年に2足、服は1年に2枚で、冬でも追加されることはありませんでした。

食事は、豆かすと米とジャガイモを一緒に混ぜたもので、一度の食事は大変小さな椀で、とても腹一杯にはなりませんでした。

日本に着いて1カ月余り過ぎたとき、父は日本人の命令する言葉がわからなくて、殴打され、2日後に亡くなってしまいました。このことを同郷の者が教えてくれました。当時父は、私のことや家に残された養女のことで悩み、気持ちが落ち込んでいて、指示を間違えたのだと思います。私は父の訃報を知って、精神的に非常につらく、一日中泣きました。田福勇という食事係の年配の中国人が、私を見て不憫に思い、義理の息子にしてくれました。田さんは私の面倒を見てくれ、たびたび人目を盗んで食べ物を与えてくれました。

日本が降伏して2日目の昼頃、私たちはそのことをニュースで知りました。このときからはもう仕事で坑内に下がることはなく、食事も米のごはんに変わりました。見張りの日本兵と警察はみな、走り去りました。しかし、会社からはいかなる労賃も与えられず、また私たちに対して正式な通知や謝罪はありませんでした。

陰暦9月末の頃、私たちは帰国を開始しました。炭坑から直接車に乗せられ、アメリカの軍艦で塘沽港に運ばれました。下船後は各自が家に帰りました。私はだれもかまってくれる者がいなくて、年齢的に幼かったので、義理の父である田福勇に従って、彼の家に行きました。

日本での強制労働の期間、私は年齢的に幼くて、物事がよくわからず、日本で受けた非人道的な待遇について、ただ恐ろしいということだけでした。そんな幼い私でしたが、現在では、さらにくわえて屈辱と憤怒を持っています。（2009年3月9日、福岡での証言集会で採録）

◆福岡の裁判では何が争われ、どんな判決が出たか

田春生さん、張宝恒さんなどは、2000年5月10日、国と三井鉱山を訴えました。福岡地裁の裁判は月1回のペースで公判が開かれていました。これは弁護団が、高齢になっている被害者が生きているうちに解決したいと願ったことによります。被害者本人も何度も出廷し、意見陳述をしました。そして、2年たらずのうちに審理を終え、2002年4月26日の判決を迎えました。

裁判長は、「被告三井鉱山株式会社は、原告らに対し、それぞれ1100万円を支払え」という原告勝訴の判決を申し渡しました。国に対しては国家無答責の法理を適用して、責任なしとして、免罪しましたが、企業に対しては除斥の適用は「正義・公平の原則にもとる」として認めず、原告勝訴の判断を示しました。

さきほども紹介しましたが、強制労働を強いたにもかかわらず、一銭の賃金も支払っていない被告企業が戦後、現在の貨幣価値に換算すると数十億円にものぼる補償金を受け取っていた事実が「正義・公平の原則にもとる」と裁判長に言わしめたのです。

三井鉱山に勝訴した「福岡訴訟」（2000 年 5 月 10 日、大谷撮影）

実はこの裁判の途中で、裁判長が、原告・被告に和解を持ちかけたことがありました。国はまったく和解のテーブルに着こうとしませんでしたが、三井は「和解となれば、原告以外の労働者5517名すべてを対象としないわけにはいかない」と、和解に前向きともとれる発言をしていました。しかし、最終的には「判決を求める」と和解を拒否しました。

地裁判決を原告・被告の双方が不服として控訴し、福岡高裁で審理が進みましたが、国策に従っただけ、賃金は支払ったなどという三井の主張は変わりませんでした。

2004年5月、高裁判決が言い渡されました。国と企業の共同不法行為を認めながら、三井に対しても「時間が経ち過ぎた」と「時効・除斥」を適用して、原告敗訴の判決を言い渡しました。

即刻、原告は最高裁に上告しましたが、2007年4月、審理をしないまま一片の通知で上告を棄却しています。

◆「福岡強制連行第二次訴訟」と莫大な未払い賃金

田さんらが国と三井を訴えた後、福岡県内の三菱の炭鉱に強制連行された被害者らが国と三菱を相手取って別の裁判を起こしています。２００３年2月、牟漢章さん、唐坤元さんら45人が謝罪と賠償を請求した裁判で、福岡強制連行第二次訴訟と呼ばれています。この裁判の原告の１人、崔書進さんが「保管証」という1枚の書類を持っていました。九州海運局福岡支局が１９４５年11月に発行した崔さん宛の証書で、金額は１２５０円と記載されていました。

戦後、強制連行被害者が帰国するとき、日本政府は１０００円までを「持ち帰り金」として「預かり証」を発行し、横浜正金銀行天津支店に振り込んだ、とされていました。これを超える賃金相当部分（これもとても低額で相当しているとはいえないものでしたが）は「保管証」を渡し、これも天津の銀行で換金できる、としたのです。

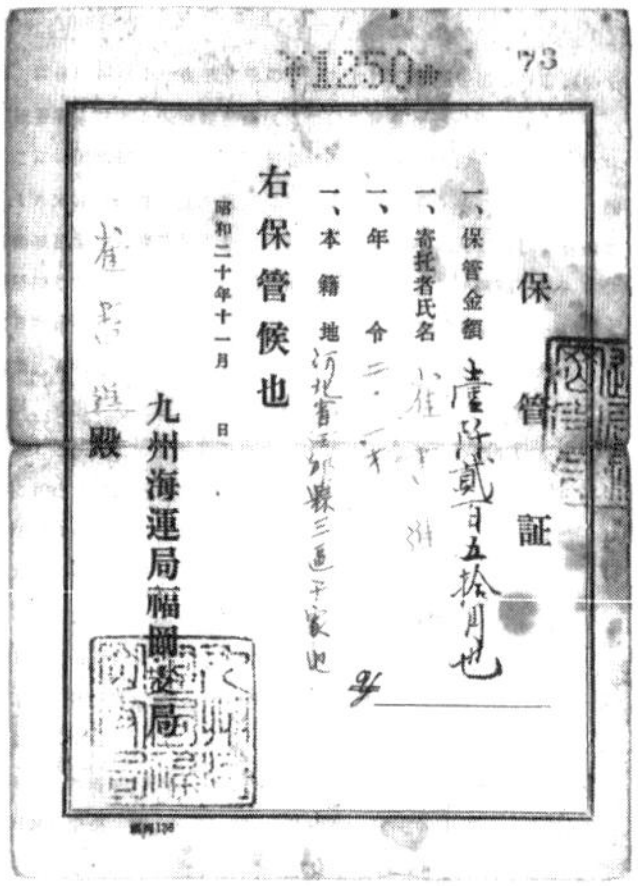

¥1250 73

保管証

一、保管金額 壹阡貳百五拾円也
一、寄託者氏名
一、年令
一、本籍地

右保管候也

昭和二十年十一月 日

九州海運局福岡支局

殿

崔書進さんが持っていた保管証
（提供：福岡三井・三菱訴訟弁護団）

原告側が「預かり証」と「保管証」の件を追及すると、未払い賃金を預かったままになっており、戦後も通知をしないままになっていることが明らかになりました。被害者らが帰国した際の受付窓口の1つであった門司税関の分だけでも当時の金額で700万円にのぼることがわかりました。全国で集計すれば、未払いのままになっている賃金は莫大な金額になるはずです。政府が責任を持って調査していないため、いまも全体像が不明で、未払いのままになっています。

◆加害企業10社を訴えた「強制連行東京第二次訴訟」

1997年9月、李万忠さんら強制連行被害者42人が原告となり、日本政府と加害企業10社を相手に提訴しました。

被告企業は古川鉱業、間組、鉄道建設、西松建設、宇部興産、同和鉱業、日鉄鉱業、飛島建設、日本建設（現ジャパンエナジー）、三菱マテリアルで、被告企業は全国にまたがっていますが、弁護団との関係で一括して東京地裁に提訴されました。この裁判は「強制連行東京第二次訴訟」と呼ばれています。東京地裁で提訴された劉連仁事件の裁判を強制連行東京第一次訴訟と呼んでいます。

◆加害企業4社を訴えた「長野訴訟」

1997年12月、「強制連行東京第二次訴訟」から3カ月後、長野県内の御嶽山作業現場に連行された蒼欣書さん、張福才さんら7人が日本政府と鹿島建設、飛島建設、熊谷組、大成建設の4つの企業を相手に長野地裁に提訴しています。この長野地裁での裁判は長期にわたり、判決が下されたのは、8年4カ月後の2006年3月のことでした。判決は国家無答責で、原告の請求棄却。しかし、裁判長は口頭でつぎのように付言しました。「裁判官をしていると、訴状を見ただけでこの事案は解決したいと思う事案があります。この事件もそういう事件です。一人の人間としてはこの事件はどうしても救済しなければならない事件だと思います。心情的には勝たせたいと思います。しかし、どうしても結論として勝たせることができない場合があります。このことには個人的葛藤があり、釈然としないときがあるのです。この事案だけに特別の理論をつくることは法的安定性の見地からできません。本件のような戦争被害は、裁判以外の方法で解決できたら、と思います。」

◆西松建設を訴えた「広島訴訟」

１９９８年1月、宋継堯さんら5人の中国人が強制連行されたとして、西松建設を広島地裁に訴えました。企業の謝罪と約２７００万円の損害賠償を求めた訴訟でしたが、２００７年4月27日に申し渡されたこの訴訟の最高裁判決は戦後補償問題でのはじめての最高裁判決になり、これ以降のすべての戦後補償裁判の判決の模範になっていきます。

結論から先に紹介すると、最高裁判決は「１９７２年の日中共同声明は個人の損害賠償等の請求権を含め、戦争の遂行中に生じたすべての請求権を放棄する旨を定めたものと解され、裁判上請求する権能を失った」とし、「戦後補償問題は日中共同声明によって決着済みで、個人が裁判で賠償を求める権利はない」と原告側の主張を退けました。

一方で、「被害者らの被った精神的、肉体的苦痛がきわめて大きく、西松建設が強制労働に従事させて利益を受けていることにかんがみ、同社ら関係者が救済に向けた努力をすることが期待される」という見解を付記しました。この最高裁の「期待」については、あらためて考えてみましょう（91ページ参照）。

この西松建設は広島県安野の事業所で360名、新潟県信濃川の事業所に183名と、2つの事業所で543名の中国人を働かせました。この2つの事業所では、水力発電所の建設にともなう導水路の建設や水源地を確保するための堰堤づくりなどをしていました。どちらも山奥の現場でした。とりわけ信濃川の工事現場では、1944年の年末から1945年のはじめにかけて大雪が降り、厳しい労働を強いられました。さらに、被害者たちは木曽川の発電所工事に回されることになり、雪深い山のなかを徒歩で鉄道の駅まで移動させられ、小千谷市池ヶ原付近の雪峠越えで落命した人もいました。この峠越えは冬季はいまでも難所になっています。

裁判では、国を被告とせず、企業だけを相手にした訴訟で、地裁では原告敗訴になりましたが、高裁では被害者の主張を認めて、西松建設に賠償金の支払いを命じたのでした。最終審の最高裁では、さきほど紹介したような判決が申し渡されました。その後、西松建設は大きな贈収賄事件の当事者になり、強制連行の被害者たちとの和解に応じていきます。この点も後ほど紹介したいと思います。

◆日本冶金大江山ニッケル鉱山を訴えた劉宗根さん

1998年8月には、日本冶金大江山ニッケル鉱山に強制連行された劉宗根さんら6人が京都地裁に提訴しています。ここには200人の中国人が移送されていました。地裁の判決は除斥を理由とした原告敗訴でした。

大阪高裁の審理の途中、裁判所の和解勧告により日本冶金が和解に応じて、原告のうちの6名に対して、1人350万円の賠償金を支払って和解が成立しました。もちろんこれは、6人の原告だけに対するものでした。国に対する裁判は高裁・最高裁と継続し、判決はいずれも国家無答責、除斥の理由で原告敗訴になりました。

２０１２年、日本冶金大江山ニッケル鉱山の裁判の原告にはなっていなかった被害者から支援の要請がありました。大江山には２００人の中国人が連行されていましたから、まだ１９４人の被害者に対する解決は済んでいないのです。大江山の地元の「支える会京都支部」は、２０１３年４月の劉連仁墓前祭の時期にあわせて訪中し、河南省の新郷で被害者たちと面会し、日本冶金との交渉、支援運動を継続しています。

◆国とリンコーコーポレーションを訴えた「新潟訴訟」

１９９９年８月には、新潟港に強制連行された中国人被害者張文彬さんら12人が日本政府とリンコーコーポレーションを訴えています。新潟地裁は２００４年３月、強制連行・強制労働の事実を認め、国と企業の責任を明確に認定し、国と企業に謝罪し、１人８００万円を支払えという賠償命令を出し、原告完全勝訴の判決を言い渡しました。

しかし、２００７年３月、東京高裁の判決では、国家無答責、除斥を理由とした、逆転原告敗訴が申し渡され、２００８年７月の最高裁決定で確定しました。

◆国と5つの企業を訴えた「強制連行北海道訴訟」

１９９９年９月には、国と三井鉱山、住友鉱業、熊谷組、新日本製鐵、地崎組を被告とした「強制連行北海道訴訟」が札幌地裁に提起されています。北海道では、主に炭鉱で中国人の強制労働が行なわれていました。

この訴訟の被告になった地崎組は戦争末期、陸軍が愛知県大府に計画した飛行場の建設事業を請け負い、480名の中国人を酷使し飛行場を建設しました。この工事が完成した後、1945年6月には、労働者たちを北海道に連行しています。札幌地裁、札幌高裁ともに国家無答責、除斥で被害者の請求を棄却しています。

2012年の出来事ですが、地崎組で強制労働を強いられた被害者から支援の要請があり、愛知県の支援者の間で「愛知・大府飛行場中国人強制連行被害者を支援する会」が結成され、現在、札幌市にある地崎組（現在、岩田地崎建設）との交渉がはじまっています。2013年9月、大府の作業中に事故死した宋学海さんの弟・宋殿挙さんは、交渉の場で「私の兄はあなた方の会社の仕事で亡くなった。それなのに、会社からは何の説明もない。兄が亡くなったことは日本の支援者から聞いた」と言うのです。企業としての誠意を示して欲しいと、と訴えました。自社の従業員が職場で亡くなったら、会社が家族に連絡するのが当然だ、というわけです。

◆国と鹿島建設・間組《はざま》を提訴した「群馬訴訟」

2002年5月には、国と鹿島建設と間組を相手取っての群馬訴訟がはじまりました。県内の飛行場建設や水力発電所の建設に強制労働された被害者の提訴でした。2007年8月、前橋地裁は請求権放棄論で原告敗訴を言い渡しましたが、ここでも口頭付言がなされました。「原告らは敵国日本に強制的に連行され、劣悪で過酷な労働により被った精神的・肉体的苦痛は甚大であった。原告らの請求は日中共同声明第五項に基づいて棄却せざるをえないが、最高裁判決も述べる通り、サンフランシスコ条約のもとでも原告らの請求に対して、債務者側が任意に自発的に対応することは妨げられないのであるから、被害者らの被害の救済に向け、自発的な関係者による適切な救済が期待される。」

◆三菱鉱業を訴えた「宮崎訴訟」

さらに2004年、宮崎県で三菱鉱業の槙峰鉱業所に連行され、強制労働させられた被害者が提訴しています。宮崎地裁は和解を提起しますが、国が拒否し、和解は成立しませんでした。2007年3月、宮崎地裁は除斥を唯一の理由として原告敗訴の判決を書きました。しかし、判決本文のなかにつぎのような書き込みをしました。「当裁判所の審理を通じて明らかになった本件強制連行・強制労働の事実自体は永久に消え去るものではなく、祖国や家族らと遠く離れた異国宮崎の地で原告らが当時心身に被った深刻な苦痛や悲しみ、その歴史的事実の重みや悲惨さをけっして忘れてはならないと考える。そして、当裁判所の認定した本件強制連行・強制労働の事実に鑑みると、道義的責任あるいは人道的責任という観点から、この歴史的事実を真摯に受け止め、犠牲になった中国人労働者についての問題を解決するよう努力していくべきものであることを付言して、本件訴訟の審理を締めくくりたいと考える。」

このように全国各地で10以上の強制連行・強制労働の裁判が行なわれてきました。裁判が起こされた地域では、どこでも支援する組織がつくられ、それぞれの地域の歴史を掘り起こし、地元で起こった悲惨な出来事が記憶されていきました。また、地域のマスコミも強制連行裁判の報道を続けました。

これらの中国人強制連行裁判は、さきほど紹介した2007年4月27日の最高裁の「中国人戦争被害者の請求権は裁判上放棄された」という判決に倣って、いずれの訴訟も最高裁で被害者敗訴の結果になっています。

しかし、すべての強制連行裁判で事実認定が行なわれ、国と企業の共同不法行為も認定されています。つまり、強制連行の事実はあった、それについては国とそれを受け入れ過酷な労働を強いた企業に共同の責任があることを、日本の裁判所は認めているのです。

それならば、日本政府と関係企業各社がその責任を問われることになるはずです。

◆和解に応じた西松建設

2007年4月27日の最高裁判決を手掛かりに被害者や弁護士、支援者は日本政府と関係企業に対し「自主的な」解決をするよう求める運動を展開してきました。

2009年になると、それまで和解を拒否していた西松建設が和解に応じてもよい、と態度を軟化してきました。この背景には国内準大手といわれた西松建設の会社幹部と自民党、民主党、改革クラブなど大物政治家の名前が続々と上がる一大贈収賄事件があり、2008年から2009年にかけて検察庁の捜査は政界にまでおよび、大物秘書が逮捕されました。

この一大汚職事件で西松建設の経営陣が交代し、企業イメージを好転させようという思惑から「和解に応じる」姿勢に転換したのです。

広島県安野の事業所については2009年10月23日、信濃川の事業所については2010年4月26日、

西松和解なる。「和解調印の日」、調印に参加した被害者及び遺族、代理人の弁護士、支援者たち
(2010 年 4 月 26 日、東京家庭裁判所の隣にある弁護士会館前にて、大谷撮影)

西松建設と被害者の間で和解が成立しています。信濃川被害者との和解文書には、「第二次世界大戦中に、中国人１８３名が苦役したのは事実であり、西松建設はこれを事実と認め、企業として被害者及びその遺族に対して歴史的責任のあることを認めて、深く反省し謝罪の意を表する」と書かれました。

西松建設は安野の被害者に対して２億５０００万円、信濃川の被害者に対しては1億２０００万円の「つぐない金」を支払っています。

信濃川事業所にかかわる「つぐない金」は中国の「人権発展基金会」が管理し、この基金会の運営には日本の弁護士もかかわって運営されることになりました。この時点から１８３名の被害者の調査がはじまりましたが、多くの被害者はすでに死亡しており、生存が確認できたのはわずかでした。さらに遺族をさがす作業が続き、現在１００名以上の被害者と遺族に「つぐない金」が渡されています。

安野の「つぐない金」は、被害者とその遺族に配られ、安野事業所近くに慰霊碑が建てられ、年1回の慰霊祭が5年間行なわれました。信濃川事業所の関係では、まだ慰霊碑の建立が決まっていませんが、日本の支援者の間で候補地を決め、維持・管理の体制をつくっていくことを話し合っています。

◆中国の裁判所に提訴された強制連行事件

このように西松建設は和解に応じましたが、関係企業との間で強制連行の問題はまったく解決していません。被害者は高齢になり、つぎつぎに亡くなっています。被害者が生きているうちに解決したい、と日本政府や企業との交渉を継続してきましたが、日本政府はまったく見解を変えず、企業は中国との関係を重視する立場を持ちながらもまったく進展が見られない状況なのです。

そんな状況のなか、2014年3月、被害者たちが中国の裁判所に提訴し、解決を求める、という新たな動きが出てきました。日本の地裁に相当する北京の中級法院に対して、三菱と三井に連行された被害者とその遺族40名が訴え出たのです。中国の裁判は日本と違って、提訴してもすぐに裁判がはじまるというわけではなく、その提訴を受け取った裁判所に裁判を開始するかどうかの権限があるといわれています。

これまで被害者が中国の裁判所に提訴したケースがないわけではありません。山東省などの裁判所に強制連行の被害者が提訴したケースがありますが、裁判所がそもそも受理しなかったり、受け取ってもそのままにして開廷せず、いわば「塩漬け」状態にしていました。それは、中国政府が日本との友好を第一に考えて、日本政府や日本の企業を相手にする訴訟を好ましくないと考えていたため、裁判所にも

安野事業所近くに建てられた慰霊碑・安野中国人受難之碑（広島県山県郡）

その意向が反映していたと考えられています。

ところが、今回の北京の提訴は２０１４年３月16日に正式に受理され、裁判が開始されることになりました。２０１５年６月現在一旦は中断されていますが、強制連行問題の解決を図らない日本政府と企業に対する中国国民の怒りが、政府や裁判所を動かした結果なのかもしれません。

一方、韓国でも、植民地時代に、日本に強制連行された労働者が日本企業を提訴する動きが広がりました。韓国の憲法裁判所が、植民地時代の清算が日韓条約では完全に済んでいないと決定したからです。中国の強制連行被害者の動きに触発されたこともあります。この北京の提訴に続いて河北省唐山、山東省済南など各地の裁判所に被害者が提訴する動きがはじまっています。これらの裁判の行方はまだわかりませんが、日中間で強制連行問題の新たな展開が生まれてくるかもしれません。

◆強制連行事件の解決に向けて

中国人強制連行・強制労働事件の訴訟が終結したことを受け、裁判外での解決を求めて、2709名の中国人を受け入れてきた三菱マテリアルに謝罪と補償を求める運動が進められてきました。しかし、運動方針をめぐって被害者グループの間に意見の相違が生まれ、事実上5つの被害者グループに分裂する状態が生まれてしまいました。

2013年3月、この5つの団体の間で①事実を認め、誠意ある謝罪を行なうこと、②それにふさわしい解決金として被害者1人当たり10万元支払うこと、③企業の責任で犠牲者を悼む碑をつくること、この3点の統一要求がまとまり、三菱関連各社との交渉が進んでいます。

◆弁護団が提案した「賠償金2万ドル」

2008年3月、中国人強制連行事件の裁判を担当した日本の弁護団は、強制連行問題の全面解決のために、日本政府と企業が中国人強制連行・強制労働の事実を認め、被害者に誠意ある謝罪を行なうことを前提に、被害者1人当たり2万ドルを支払うことを提案しています。

この2万ドルという金額は、アメリカが第二次世界大戦中、日系アメリカ人を強制収容したことに対しての賠償金が1人当たり2万ドルだったことに由来しています。これと同程度の賠償をすべきだというアイデアで、この金額を目安にして日本政府と企業が折半で基金を創設して、被害者への謝罪と賠償の原資にするという構想なのです。

７　毒ガスを置き去りにした日本軍

◆遺棄毒ガス事件とは何か

毒ガスを戦争ではじめて広範囲に使ったのは、第一次世界大戦時のドイツ軍でした。風上から毒ガスを放射し、敵に浴びせました。そこには兵士以外の一般市民もいますから、だれが毒ガス被害に遭うかわかりません。この残虐な化学兵器に対して、第一次世界大戦終結後の１９２５年、「毒ガス兵器の禁止」を盛り込んだジュネーブ条約が締結されます。日本はこの国際条約のことは承知していましたが、批准したのは戦後の１９７０年になってからでした。

日本軍は、国際法違反と知りながら、毒ガス兵器の開発を手がけ、まず、陸軍が瀬戸内海の広島県・大久野島で１９２９年から、海軍は相模海軍工廠で１９４２年頃から製造・開発をはじめたとされています。まったく極秘裏に進められた計画でした。

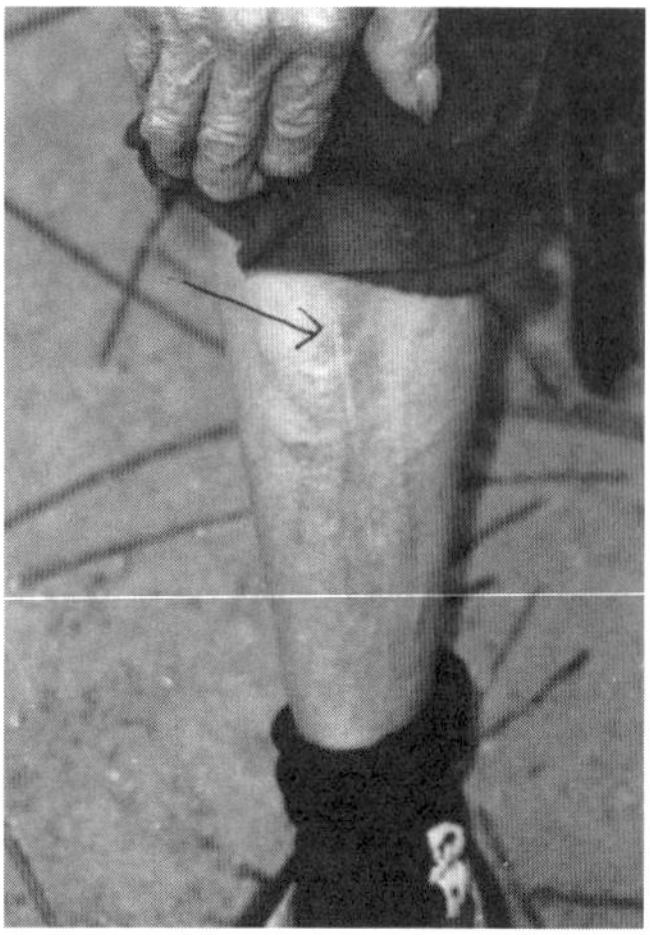

毒ガスの被害状況、事故後 10 年経っても糜爛（びらん）は治らない（2012 年 1 月 28 日、大谷撮影）

大久野島の毒ガスは福岡県曾根で装填され、中国大陸の各所に配備されました。

１９３１年の満州事変の後、この毒ガス兵器は中国東北部に持ち込まれました。対ソ戦に備えて、ソ連国境の陣地に配備され、１９３９年のノモンハン事件の際、実戦で使用しました。

ハルビンの731部隊でも毒ガスを使って人体実験をくり返し、毒ガスの威力を確認しています。この実験成果をもとに河北・河中・河南の中国戦線で実際に使用され、その回数は1800回以上におよんだといわれています。この毒ガス攻撃によって、どのくらいの人が被害に遭ったかもまったくわかりません。

日本に宣戦布告したソ連は、1945年8月9日、満州に侵攻してきました。ソ連と日本は日ソ中立条約を結んでいましたが、2月のヤルタ会談で、アメリカ・イギリス・ソ連の間で交わされた対日戦争を実行したのです。ソ連の進撃に対して関東軍は敗走し、8月15日の「終戦の日」を迎えます。中国各地にはたくさんの日本人が取り残されたままでした。

大久野島の「毒ガス貯蔵庫」跡

日本軍は、敗走に際して、司令部の命令で毒ガス兵器を土のなかに埋めたり、井戸や河・湖などに遺棄してきました。降伏したときには敵に武器を引き渡さなければならないルールがありますが、毒ガス兵器は国際法違反のため、その製造と使用の事実を隠蔽するために遺棄命令が出されたのです。遺棄された毒ガスのなかには、容器に詰められて毒ガス弾になっていたもの、液体のままドラム缶に入ったものもありました。

日本軍によって遺棄された毒ガスは、中国の大地に放置されたままで、そのことを知らない市民が毒ガス弾を掘り出したりして、被害に遭う事件が発生していました。毒ガス事故の記録が報告されているわけではないので、全体像はわかりませんが、１９５０年代から多くの被害者が出ていたといわれています。

日本軍が開発・製造した毒ガスは、日本国内でも、毒ガスをつくっていた労働者や学徒動員の学生に被害を与えていました。大久野島の製造工場に携わった人たちのなかには呼吸器疾患、毒ガスが皮膚にふれて起こる皮膚疾患が認められ、戦後労働災害として認定され、一定の医療保障がなされていました。大久野島での被害や中国で被害に遭った人びとのようすが、『ぼくは毒ガスの村で生まれた。――あなたが戦争の落とし物に出あったら』（化学兵器ＣＡＲＥみらい基金編著、吉見義明監修、合同出版、２００７年）でくわしく紹介されています。

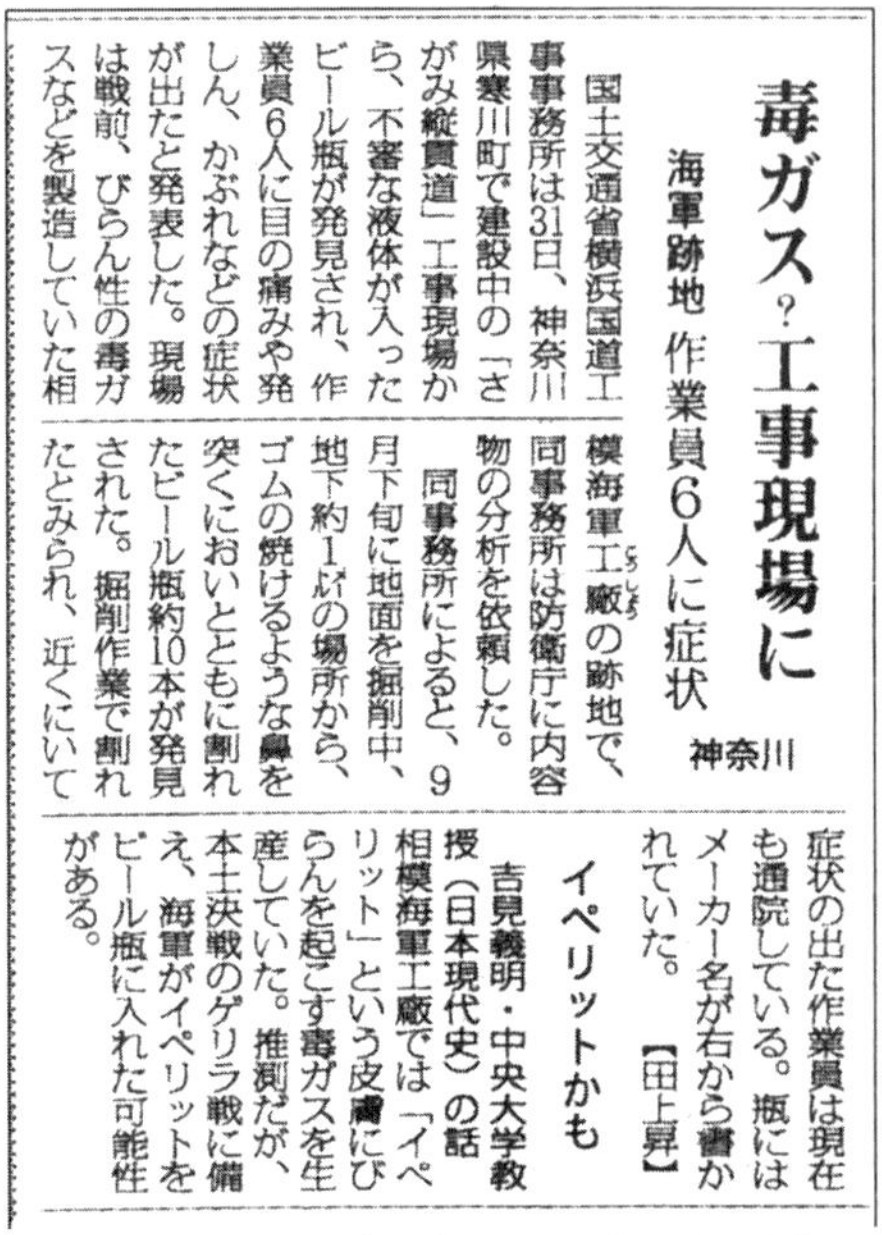

毒ガス？工事現場に

海軍跡地 作業員6人に症状

神奈川

国土交通省横浜国道工事事務所は31日、神奈川県寒川町で建設中の「さがみ縦貫道」工事現場から、不審な液体が入ったビール瓶が発見され、作業員6人に目の痛みや発しん、かぶれなどの症状が出たと発表した。現場は戦前、びらん性の毒ガスなどを製造していた相模海軍工廠《こうしょう》の跡地で、同事務所は防衛庁に内容物の分析を依頼した。

同事務所によると、9月下旬に地面を掘削中、地下約1㍍の場所から、ゴムの焼けるような鼻を突くにおいとともに割れたビール瓶約10本が発見された。掘削作業で割れたとみられ、近くにいて症状の出た作業員は現在も通院している。瓶にはメーカー名が右から書かれていた。【田上昇】

イペリットかも

吉見義明・中央大学教授（日本現代史）の話　相模海軍工廠では「イペリット」という皮膚にびらんを起こす毒ガスを生産していた。推測だが、本土決戦のゲリラ戦に備え、海軍がイペリットをビール瓶に入れた可能性がある。

神奈川県寒川町で毒ガスが発見されたことを伝える新聞記事（2002年11月1日『毎日新聞』東京版）

また、日本の敗戦間際にはアメリカ軍の関東平野上陸に備えて、関東の海岸沿いに多くの毒ガス兵器が配備されていましたが、戦後この毒ガス兵器がどうなったのかも不明のままです。関東の各地で毒ガスによるものと思われる事故が散発していますが、２００１年に茨城県の神栖で起こった井戸水の汚染事件は日本軍が遺棄した毒ガスの成分であるジフェニルアルシン酸が原因でした。

２００２年には神奈川県の寒川町で高速道路の工事中に地中から多くのビール瓶が掘り出されました。このビール瓶には茶色い液体が入っていて、いくつかは壊れていました。この場所は海軍の毒ガス兵器製造工廠があったところで、戦後遺棄され、土のなかに埋められていたのです。工事の作業に携わっていた人がこれを知らずに掘り出し、被害に遭っています。

◆李臣さんの証言

私は１９４５年生まれです。１９７４年、黒竜江省ジャムス市内を流れる松花江で泥をさらう浚渫《しゅんせつ》作業をしていました。10月20日の午前2時頃のことです。吸泥ポンプからカンカンという大きな音がして、船のメインエンジンが異常停止しました。修理にかけつけるとポンプのなかから黒い水があふれ出しました。からしのようなにおいがしました。日本軍が捨てた毒ガス液がドラム缶に入っていたのです。川の底にあったドラム缶をひきあげてしまったのです。そうとは知りません。

ポンプから流れ出た液体が付着してしまってから1時間後、両手両腕が非常にかゆくなり、6時間後には手が倍ぐらいにふくらんできました。さらにその6時間後には泡と黄色い液体が出てきました。頭もむずがゆくなり、次第に腫れてきて、さらに黄色い液体も出てきました。すねや両足にも同じような症状が出て、皮が破れてしまいました。すぐに入院しましたが、完全には治らず、いまも通院しています。

事件前まで私は病気知らずの強健な体でした。この事件によって完全に生活は変わってしまいました。両手と両腕の皮膚の損傷は90％におよび、後遺症は全身に広がりました。30年以上、手・頭頂部・肛門および陰部に常に潰瘍ができ、通常の仕事には一度もつけません。

長期にわたる病の苦痛で私は神経を病んでしまいました。不眠に苦しみ、睡眠中にも叫んだり、人を殴ったりすることもありました。一度は飛び降りもしました。完全に治る望みを失ったとき大量の薬を飲んだこともあります。

私が事故に遭ったのは30歳前のことです。1歳の娘と若い妻がいましたが、現実を受け入れることができませんでした。毒ガスは、私の健康や生活を永遠にうばったばかりでなく、家庭にも大きな苦痛をもたらしました。妻は生活をともにして感染してしまいました。体の数カ所に潰瘍ができ、とくに子宮のなかがただれてひどい目にあいました。現在では夫婦生活をすることもできません。また被害は夫婦だけにとどまらず、子ども

一審勝利の日の李臣さん（右）と筆者（左）（2003年9月29日）

たちにもおよびました。１９７７年生まれの下の娘は、生まれたときから皮膚が弱く、肺の病気もしょっちゅうです。病院の検査で中毒症状とわかりました。

私が仕事ができないため、経済状況はとても悪くなってしまいました。病院代や薬代がかかるため、とても苦しい生活をしており、多額の借金をしています。（２００８年3月10日、東京での証言を採録）

◆裁判では何が争われ、どんな判決が出たか

１９９６年12月、李臣さんら遺棄毒ガス事件の被害者６人が日本政府を相手どって東京地裁に提訴しました。毒ガスを捨てた責任、戦後回収しなかった責任、事故防止の努力を怠った責任などを追求したものでした。

李臣さんらの被害は戦争中に起こったことではありませんが、戦争中に使われた毒ガス兵器が原因ですから、捨ててきた日本の責任を追及するのは当然のことです。

裁判では、日本政府は当初、「あの毒ガス弾は、だれが捨てたかわからない。ソ連軍のものかもしれないし、中国軍のものかもしれない」などとまったく無責任な態度をとっていました。その後、１９９７年に世界の多くの国が参加して「化学兵器禁止条約」が締結され、世界中で化学兵器を禁止する機運が高まりました。この条約では、毒ガス弾を遺棄してきた国が、その処理の責任をとることが定められました。

この頃には、イラン・イラク戦争で毒ガスが使われたことが知られていました。１９９９年に日本政

府と中国政府の間で、日本軍が中国大陸に遺棄してきた毒ガスの処理について協定が結ばれ、裁判でも毒ガスが日本軍が遺棄してきたものだと認めざるを得なくなったのです。

遺棄毒ガスの処理協定が締結されたことは、大きな前進でしたが、発見された毒ガスを日本が処理するという協定で、遺棄された毒ガスを調査するという取り決めはされていません。事故が起こってはじめて処理に進むというのが現実で、日本政府は毎年数百億の予算をつけていますが、まったく事業は進んでいません。１９９９年の協定では10年間で完了とされていましたが、現在では、２０２３年まで延長されています。

実は、日本軍が中国大陸に遺棄してきたのは、毒ガスだけではありません。通常の爆弾もそのまま残され、それによる被害も発生しています。

１９９５年、ハルビン郊外の街で日本軍が遺棄した通常の爆弾を拾って解体していた斉広越さんは身体がバラバラに吹っ飛んで即死し、近くにいた劉元国さんも負傷し、数日間の入院の後、死亡しました。この劉元国さんの娘・劉敏さんが原告となって、通常の遺棄兵器で被害に遭った被害者として、遺棄毒ガスの裁判に合流しました。劉敏さんは提訴時に16歳でした。若い女性が日本軍の戦争被害事件への参加を余儀なくされたのです。

裁判では、日本軍が捨ててきたことの責任の追及と同時に、戦後これを回収しなかったこと、そして事故防止の措置を何もとらなかったことの立証に弁護団は精力を注ぎました。敗戦時、日本政府は引き揚げてきた旧軍の関係者に兵器の遺棄についての聞き取り調査を行なわなかったために、どこにどんな兵器をどれだけ遺棄したかわからなくなってしまったのです。

東京の中学で証言する遺棄砲弾被害者遺族の劉敏さん（2003 年 9 月 30 日、大谷撮影）

２００３年９月29日、東京地裁で遺棄毒ガス被害事件の判決の言い渡しがありました。国は事故の責任はない、事故防止の責任もないことを主張し、原告側は遺棄責任、事故防止を怠った責任を主張しました。

裁判所は、国に１人当たり１２００万円の賠償支払いを命ずる原告全面勝訴の判決を言い渡しました。この判決の法廷には、李臣さんと劉敏さんが立ち会っていました。２日後の10月１日、政府に判決を実行するよう、国会で当時の首相小泉純一郎氏に面会を求めましたが、首相は逃げるように去っていきました。そのようすがテレビ・新聞で報道され、大きな反響を呼びました。そしてその２日後、日本政府は東京高裁に控訴しました。

高裁の審理では、学者・研究者などが証人として日本軍の毒ガス戦の実態を証言しました。一審で原告勝訴になっているので、高裁も慎重になっていました。２００７年７月18日、４年近くかかった高裁審理が終了し、判決が申し渡されました。判決は、原告の主張を退け、国の責任なしとした逆転判決でした。

「日本軍は中国にたくさんの爆弾を捨ててきたので、どこに捨てたかの特定はむずかしい。したがって、事故を防止する責任は国にはない」という論理で原告の訴えを退けてしまったのです。一審の判決では「たくさん捨てたから事故は防げない、という論理には与しない」と述べていたのとは正反対の論理でした。

市民の常識では、「日本軍は中国にたくさんの爆弾を捨ててきたので、どこに捨てたかの特定はむずかしい。これまで特定する調査作業を怠ってきたのは、無責任であり、いまからでも調査をすべきである。事故を防止する責任は国にあることは言うまでもない」ということになるのではないでしょうか。

しかし、この判決でも被害の救済について言及しています。この後に紹介するチチハル毒ガス被害事件の被害者には不十分ながら金銭が支払われていました。これらと不公平がないように国に被害の救済を求めるものでした。この判決文の付言では「将来に起こるであろう被害」の救済をはかることにも言及しています。

原告側は最高裁に上告しましたが、1回の弁論も開かれることなく、2009年5月26日、原告の上告を棄却しました。

◆チチハルで起こった毒ガス被害事件

2003年8月4日、黒竜江省チチハル市の住宅団地の地下駐車場の工事現場から、5個のドラム缶が掘り出されました。当時のチチハルの中心部は建設ラッシュに沸いていました。

このドラム缶のうちの1つは壊れていて、黒い液体が周囲の土にしみ込んでいました。金属は貴重な資源です。作業員がこのドラム缶を廃品回収所に持ち込みました。このドラム缶には日本軍の毒ガスが入っていたのです。そんなことは知らないたくさんの人がドラム缶や毒ガス液がしみ込んだ土にふれて被害に遭いました。

黒ずんだ土は豊かな土だといわれ、高値がついて、買い取られたのです。この土を庭に撒いたり、敷地の整地に使ったりした人もいました。この土で整地された場所で遊んでいた子どもも被害に遭ったのです。また、廃品回収所でドラム缶を解体した人や、成分分析のために化学工場に運ばれたドラム缶を扱った警備員にも被害を与えました。

このドラム缶が出てきた場所は、日本軍が戦前に飛行場として使っていた敷地でした。いまでも日本軍が使っていた飛行場の格納庫があり、弾薬庫の跡も残っています。ドラム缶が出てきたところは滑路であったと推定されています。

毒ガス被害に遭った人びとは、数時間の後に身体中のかゆみを訴え、水泡があちこちにできてきました。病院で診察を受けますが、医師もはじめて見る症状に戸惑っていたといわれています。

翌日、軍の病院であるチチハル２０３病院で毒ガス被害の症状であることがわかり、重篤な被害者44人がこの病院に入院し、隔離されます。このうち、李貴珍さんは18日間の入院の後、亡くなりました。このほかにもここまで被害の状況がひどくなくて、医師の診断がされないままに、被害者と認定されていない人もいます。

チチハル駅（2012 年 3 月 26 日、大谷撮影）

被害者は、３カ月余りの入院の後、退院しましたが、治ったからではありません。治療方法がわからなかったから退院となったのです。毒ガスは敵を殺すためにつくられた兵器なので、被害に遭ったとき、どういう症状が出て、どういう治療をすればよいか、という研究はまったくできていませんでした。退院は「後は勝手に」ということでした。

このチチハル毒ガス被害事件は中国では大々的に報道され、「8・4事件」として大きな問題になりました。日本も中国との間で遺棄毒ガスの処理協定が結ばれた後でしたから、きちんと対応しなければなりません。事故から2カ月後の10月、日本政府は中国政府に見舞い金の名目で3億円を支払い、このお金の一部は入院の費用にあてられ、被害者にも配分されました。

しかし、問題はこの後です。チチハルの被害者はその後、さまざまな症状に悩まされました。「風邪をひきやすくなった。力が入らない。気力が続かない。記憶力が低下した。胸が苦しい。まぶしい」などの後遺症に襲われました。被害者にはその後の生活に大きな支障が出てきました。仕事を失い、学業を断念する子どもの被害者も続出しました。

2007年、日本の医者が中国に出向いてチチハルの被害者を診察しましたが、自律神経の障害、免疫力の低下、高次脳機能障害などが発症しており、将来のガンの危険性も指摘されました。これまでの医学界でもあまり知られてこなかったことです。チチハルの被害者を診察した医師は国際医学会でこれを発表して、新たな知見として注目されました。

◆牛海英さんの証言

私は1978年2月1日、チチハル市内に生まれました。私が生まれた頃、家族の暮らしは貧しく、私の母親は、私が幼い頃から家族のために働きはじめました。私は、2001年に母親が廃品回収所の経営から引退するのを機に、私が経営者の立場を引き継ぎました。

私は姉の家によく遊びに来ていた義兄の友人を好きになり、母親に仲立ちを頼んで、1995年に結婚しました。背が高くハンサムで、警察官をしている人でした。そして、1996年には男の子が誕生しました。愛する夫との間に子どもが生まれたことで、私は本当に幸せでした。

私は女性経営者としてたくましく廃品回収所を切り盛りする母を見て育ったので、自分も母のように強く生きていきたいと考えていました。だから毎日朝6時から夜10時くらいまで仕事をし、従業員が帰宅した後は自分でも運搬をしました。

私たちの家は、廃品回収所のなかにありました。廃品回収所の環境は、子どもにとってよくなかったので、せめて子どものためだけでもいい環境のなかで生活させたいと思い、2002年秋頃に、私が稼いだお金で約100平方メートルくらいのマンションを買いました。その家で子どもは6歳頃から、義母とともに生活することになり、私は夫と廃品回収所に住み続けました。

家族3人、忙しいなかにも幸せな毎日は、2003年8月4日に壊れました。この日の午前9時頃、私の経営する廃品回収所に、李貴珍さんが、ドラム缶5個を持ってきました。李貴珍さんは、私の店の前の空き地でドラム缶を解体する作業をはじめました。解体した瞬間、液体と気体が同時に吹き出し、ドラム缶からかなり刺激の強いにおいが噴出し、みるみるうちに鼻、胸、肺それから頭のてっぺんまで充満して、まるで、からしを食べたようでした。私はしめったタオルでずっと鼻を押さえていました。彼はまだ解体作業を続けていました。

牛海英さん（2014年3月22日、チチハルの被害現場で、大谷撮影）

４つの缶のなかには、液体が入っていたので、隣人の王成さんが手伝って、液体をひしゃくで洗面器にくみだし、前の道路の溝に捨てていました。お昼に食事を届けてくれたお手伝いさんが私を見て、まるでお酒を飲んだように顔全体から胸にかけて真っ赤になっていると言いました。目が充血し、のどがひどくただれて、自分は熱中症だと思いました。しかし、のどは非常に渇くのですが、水をいくら飲んでものどの渇きをいやすことはできませんでした。

当日の午後1時頃ドラム缶の解体が終わったので、私はこれを買いました。そのとき、李貴珍さんの症状はかなり重いようで、見ているとよろけながら去っていきました。ドラム缶から発散されるにおいがとても我慢できなかったので、急いで３００元で転売人の梁波さんにドラム缶を売りました。夕方になると、顔と首がさらに赤く腫れ上がり、目の痛みもよりひどくなり、頭も朦朧《もうろう》としてきました。しかし、仕事が忙しくて、かまっていられませんでした。

その日の夜、李貴珍さんの奥さんが私のところに来て、夫の具合が悪くなり、病院に行ったところ「中毒」と診断されたので、あなたもすぐ行ったほうがよいと言われて、私もすぐに病院に行きました。病院に着くと、王成さんと李貴珍さんがベッドの上で吐いたり、涙を流したりして苦しんでいました。

私たちは中毒と診断されましたが、何の毒にあたったかは言われなくて、とにかく急いで２０３病院へ転院するように言われました。入院中は、あまりの激痛に苦しみ続けました。

３カ月以上、病院に閉じ込められて、ようやく退院することができました。入院中、何もできずに過ごしてしまったので、私は「退院したらがんばるぞ。すべて取り戻すぞ」という意気込みでした。しかし、もともとはつらつと仕事をしていたのに、被害を受けた後は毎日がつらくて、どんな仕事もまったくやる気がなくなって、ただ横たわっていたい気持ちでした。

相性のよかったはずの夫婦仲も悪くなっていきました。私は「自分の体が毒に侵されている」との思いに囚われて、夫婦生活に応じることがなくなりました。夫も感染を恐れていました。私たち夫婦は、ベッドの上でも背中合わせに眠る日々が続きました。家のなかは疑心暗鬼に満ちてしまいました。

このような毎日が1年以上続き、夫から「このような状況だったら、別れたほうがいいのではないか」と別れを切り出されました。私は離婚をしたくありませんでしたが、子どもの将来を思うと、自分は母親としてふさわしくないと思い、離婚に応ずる決意をしました。しかし、離婚をするときにも、子どもの生活や環境を考え、私が買ったマンションは夫に譲り、離婚しました。

私は、子どものために、さらに10万元（約１６０万円）を夫に渡して、２００５年10月に、１人で家を出ました。これほどのつらい経験はありませんでした。自分の家庭、身内、それからプライドなどの築いてきたすべてのものを失ってしまったのです。身のまわりのものだけを車のなかに投げ込んで、その夜は団地の駐車場で明かしました。

そして、11月に、年齢に関係なく入居できる介護施設に入居しました。一部屋にベッドが4つあり、3食ついて月450元（日本円で約7500円）でした。当時の私は「寂しい」という気持ちも失っていました。一日中、朦朧としていて、夜は眠れず昼はウトウトしていました。まわりの年寄りたちが「少しは食べたらどう?」と言って食事の世話をしてくれましたが、食欲もありませんでした。

すべてを失い、何も考えられず、まったく抜け殻のような存在でした。母たちが救いの手を差し伸べようとしても、私はそれを拒絶しました。しかし、そんな私を見かねた親戚が、ある男性を紹介するといいました。私はとても受け入れられない心境でしたが、母と姉が無理やり私を連れ出し、その男性と引き合わせました。自暴自棄になっていた私は、自分のすべてをその男性にぶちまけました。中毒被害者であり、健康ばかりか性格も悪くなっていること、将来に対しまったく希望を持てずにいること。しかし、その人は「全部わかっているから心配ないよ」と言ってくれたのです。

この日をきっかけに、彼と数回会うようになりました。彼とのふれあいが少しずつ私を変えていきました。そして、彼との交際をはじめたことをきっかけに、施設にいる生活はよくないと考え直し、2006年2月下旬に施設を出ました。

2006年5月頃、彼にプロポーズをされましたが、体調が悪くなった時期があり、7月にようやく結婚の届けを出すことができました。その年の8月、子どもができたことに気がつきました。夫は私の妊娠を喜んでくれましたが、生まれてくる子どもが五体満足なのか、健康な子どもが生まれるのか、私の心は不安でいっぱいでした。しかし、夫が「どんな子どもが生まれてこようと、私たちの子どもに違いない」と励ましてくれたので、私は子どもを産む決意をしました。私は体調がいつも悪くて、よく風邪をひいて、16日間も寝込みました。夫の励ましを受けながら、体の不調に耐えました。そして2007年2月13日に無事、男の子が生まれました。3800グラムの大きな健康な赤ちゃんでした。

しかし、私はもう外で働くことはできません。それどころか毎日、何種類もの薬を飲み、体が動かないために家事もほとんど夫に頼る毎日です。子どもの面倒を見ることがいまの私の役目ですが、私たち家族は団地の7階に住んでいて、子どもを抱いたまま階段の上り下りをするだけでも、途中で何度か休まなければなりません。

経済的な不安も大きいものです。夫は出版社に勤めていて、家族のために毎日夜遅くまで働いてくれますが、家計はけっして楽ではありません。私がこのような体なので、昔のように一緒に家計を支えることもできません。とても申し訳なく思っていました。子どものこれからの長い将来を思うと不安は募るばかりです。（2010年4月3日、東京都渋谷区での証言を採録）

◆裁判では何が争われ、どんな判決が出たか

2007年1月28日、チチハル毒ガス被害事件の被害者43人と李貴珍さんの遺族が東京地裁に提訴しました。被害者たちは日本の法廷で、どんな事故だったのか、いま自分がどういう症状で苦しんでいる

のかを証言しました。

チチハルの被害者は日本政府から不十分ですが、お金が出ています。そのお金もほとんどが治療費に消え、数年経つとこのお金は底をついてしまいました。日本と違って、中国の医療制度には国民皆保険制度はありません。自分で保険に入っていないと保険診療は受けられません。チチハルの被害者のほとんどは貧しい労働者です。農村から出稼ぎに来て、被害に遭った農民も多くいます。

チチハルの5つのドラム缶に入っていた毒ガス液が日本軍が遺棄してきたものであることははっきりしています。日本政府は、前に紹介した李臣さんらの訴訟のときのように「ソ連のものかもしれない」という主張はできませんでしたが、戦後、この毒ガスを回収し、事故を防止する責任はない、という主張を続けました。

弁護団は、①毒ガスを捨ててきたこと（先行行為）、②この毒ガスによる被害は想定できたこと（危険性の切迫）、③これを放置すれば事故が起こることは予想できたこと（予見可能性）、④事故を回避するための措置をとらなかったこと（結果回避義務を怠った）の4点を主張し、その証拠を集めることに集中しました。

裁判の過程で、外務省中国課の担当者の尋問を行ない、どこに捨てたかをまったく調査していない実態が明らかになりました。中国政府からは1990年代はじめから、日本軍が遺棄した場所を特定するように要請があったにもかかわらず、これも履行してきませんでした。チチハルには毒ガス部隊とも呼ばれる化学部隊516部隊が駐留していたのですから、集中して遺棄毒ガスを調査すべきでした。それを怠った責任は当然、日本政府にあると主張しました。

2010年5月24日、東京地裁の法廷で判決が出されました。前記①②③の危険性の切迫、予見可能性までは認めましたが、結果回避義務は国にない、というだけで原告の請求を棄却してしまいました。また、法廷で証言した被害者の事故直後の身体被害については認定しましたが、その後も継続する身体被害（自律神経の障害、高次脳機能障害、視野の障害など）にはまったくふれないままでした。

当然、原告側は控訴し、東京高裁の審理がはじまりました。さらに医師の証人を立てて、被害の実証に力を入れました。この控訴審の途中、50歳そこその曲忠誠さんが肝臓ガンで亡くなりました。これも毒ガスの影響によって、免疫力などが低下したことでガンが発症したものと推定されました。毒ガス被害は呼吸器と皮膚への障害だけではないことがあらためて実証されました。

2012年9月21日、高裁判決が出ましたが、国の責任なし、の原告敗訴でした。原告側はすぐさま最高裁に上告しました。ところが、この訴訟でも最高裁は一度も弁論を開かず、2014年10月28日、一片の通知で上告を棄却してしまいました。被害者の敗訴が確定したのです。

◆毒ガス弾を小川で見つけた2人の少年

2004年7月、夏休みに近所の小川で遊んでいた2人の少年が土手に埋まっていた毒ガス弾をそれとは知らずにふれて被害に遭うという事件が吉林省敦化で起きています。さきほど紹介した『ぼくは毒ガスの村で生まれた。――あなたが戦争の落とし物に出あったら』に詳細にルポされているので、それに譲りますが、2008年に東京地裁に被害者の劉浩くん、周桐くんとその両親が提訴して裁判がはじまりました。

敦化の毒ガス遺棄現場（2009 年 5 月 6 日、大谷撮影）

東京高裁の判決後、東京高裁前で報告集会をする弁護士と被害者の周桐くん（中央）（2013 年 11 月 26 日、大谷撮影）

２０１０年に地裁の判決が、２０１２年に高裁の判決が出ていますが、いずれも「国の責任なし」の判決が申し渡されています。そして、チチハル毒ガス被害事件の訴訟と同じ日に最高裁は上告を棄却してしまいました。

敦化は日本軍が敗退するときに多くの武器を集積したことで知られている場所です。日本政府が事前にこのことを知らなかったはずはありません。

第2章

なぜ、戦後補償は放置されてきたのか

1　被害者が声をあげられなかった

日中戦争が終わると、１９４６年から中国では南京と瀋陽で日本軍の戦争犯罪を裁くいわゆる「ＢＣ級戦犯法廷」が開かれました。捕虜や市民の虐待などの容疑で日本の軍人が裁判にかけられていきます。南京の例でいえば、どちらが先に中国人を１００人斬るか、という競争をしたといわれた「百人斬り競争」で向井少尉と野田少尉が有罪になり、処刑されています。瀋陽の法廷では、「満州」で残虐行為をした将校などが処刑されています。

しかし、裁判にかけられたのはごく一部で、圧倒的な数の戦争犯罪がそのまま不問に付されてしまいました。また、戦犯法廷での判決がすべて証拠や事実に基づいた公平なものであるとはいえません。平頂山事件などのように、撫順炭鉱の民間人の責任者が処刑されたなどの例もありました。

日中戦争が終結すると同時に、中国では国共内戦が起こり、１９４９年、毛沢東率いる中国共産党が中華人民共和国の成立を宣言するまで、中国国内は混乱を極めていました。日本との国交が断絶したままで、中国民衆の戦争被害の問題が訴えられることはありませんでした。

中国の戦争被害者たちは、家族や村のなかでその体験を語り継ぐことはあっても、被害の救済を中国政府に申し出ることはできませんでした。もちろん、直接被害者が日本政府を訴えるなどという方法も考えられませんでした。それぱかりではありません。１９６６年から１９７７年まで続いた文化大革命の時期には、強制連行の被害者たちは「日本に行ったことがある」というだけで、「スパイ」呼ばわりされたといわれています。このため日本に連行されたことをひた隠しにしてきた人も多く、いまでも被害者調査の障害になっています。

戦後、日本と中国は国交断絶の状態になっていましたが、1972年9月に日中国交回復を急ぐ田中角栄内閣総理大臣が中国を訪問して、周恩来首相とともに「日中共同声明」に調印して、日中の国交が回復しました。

日中共同声明の調印を前に、田中首相は「過去に中国国民に多大なご迷惑をおかけしたことを深く反省します」と挨拶し、「戦争状態の終結」「国交回復三原則」「賠償請求の放棄」「戦争への反省」を内容とした日中国交回復が成立しました。

日中国交回復のもう一方の主役になった周恩来首相は、「日本人民と中国人民はともに日本の軍国主義の被害者である」という考え方を示して、過去の「日本軍国主義」の戦争責任と日本国民を分けて考えているというメッセージを打ち出しました。この中国側の考え方は、日中間の歴史問題を考えるうえでの基本認識であるように思えます。

日中の国交は回復しましたが、中国に対する「戦争への反省」が十分に行なわれたとはいえない状況が起こっていきます。1982年に起きた「教科書問題」は、日本政府が戦争責任を自覚していないことを内外に知らしめた事件でした。中学の歴史教科書の検定に際して、検定見本本にあった「日本軍が侵略した」という表現を「日本軍の進出」と書き換えさせた問題でしたが、中国・韓国などから批判を受け、日本政府が謝罪しています。

また、1986年の藤尾正行文部大臣、1988年の奥野誠亮国土庁長官のように、日本の主要閣僚が相次いで、戦争責任を否定する発言をくり返していました。

一方、中国各地では、１９８０年代に入って戦争の事実を掘り起こそう、という動きが出てきました。戦争体験者が少なくなり、若い人に戦争の事実を伝えていくことが次第に困難になっていくなかで、高齢になった被害者たちの証言運動が活発になっていきました。

それまで中国の各地にある歴史資料館などの展示内容は、中国共産党や八路軍・新四軍が抗日戦争を各地でどうたたかったかという、解放軍のたたかいに力点を置いたものでしたが、日本軍による加害の資料を集め、戦争犯罪を後世に伝えようという動きが強まってきたのです。１９７１年には撫順に「平頂山惨案記念館」が建設され、１９８４年にはハルビンに「７３１部隊罪証陳列館」がつくられています。また、１９８５年には南京虐殺を記録する「南京大虐殺殉難同胞記念館」が南京市に、１９８７年には北京にも「抗日記念館」が建てられています。

これらの記念館はいずれも中国政府の主導によって建設されたものですが、このほか、中国各地で民間の篤志家による各種の記念館が運営され、殉難の記念碑が建立されています。たとえば、山東省青島郊外の毛子埠村の虐殺記念館は村の篤志家が建立したものです。

１９８０年代半ばまで、中国人が自由に海外に渡航することは原則的に制限されていましたから、中国での日本の戦争犯罪を掘り起こす動きや、被害者たちの声が直接日本に届くことはありませんでした。

１９９１年、北京の若い法学者・童増氏が「日本に対する中国人戦争被害者の損害賠償請求は一刻も猶予できない」（「全国人民代表大会への上申書」）という論文を発表しています。これは「対日民間賠償」問題の口火を切った論文で、１９７２年の「日中共同声明」で放棄されたのは国家による請求権で、

南京大虐殺殉難同胞記念館（2014 年 12 月 27 日、大谷撮影）

民間人の賠償請求権は放棄されていない、という趣旨でした。日本の国会にあたる全国人民代表大会にこの問題が建議されましたが、日本政府との友好関係を第一とする中国政府はこの見解を採用することはありませんでした。

ところが、童増氏の見解を新聞が報道すると、童増氏のもとには1万件を越える被害者の声が届き、どうしたら民間賠償を請求できるか、といった問い合わせがあったといわれています。1992年3月、中国の銭其琛外相が「侵略戦争で起きた問題であり、日本側は当然ながら妥当な処理をもってこたえなければならない」と述べて民間の賠償請求を容認したことも、中国の被害者たちの動きを後押ししました。

たまたまこの時期に訪中していた日本の弁護士グループが被害者からの相談を受けたこともあり、その後何度か被害者からの相談・聞き取り調査などを経て、中国人戦争被害者の損害賠償訴訟を担っていくことになります。

2　日本国民が事実を知らなかった

日本での「戦争の記憶」は、空襲であり、学童疎開、飢えであり、勤労動員、特攻隊、戦地からの引き揚げ、沖縄・広島・長崎など日本人の戦争被害体験が中心になっています。

戦争中、日本軍が侵略したアジアの各地でどんなことをしたのか、一般の国民は知らされていませんでした。戦争中、戦地から帰還してきた兵士は、軍規を守って沈黙していました。戦争に関する情報は、戦地からの個人信書から新聞、ラジオの報道まで、厳しく統制されていました。例外的に黙認されたのは戦果をあげた個人の手柄話でした。たとえば、南京戦線での「百人斬り競争」報道で一躍有名になった野田少尉は、故郷の小学校で講演し、「百人斬り競争で無抵抗の中国人を斬った」など自慢話を披露していました（出典：『私記 日中戦争史』（志々目 彰著、日本僑報社、2012年））。これは紛れもない国際法違反の虐殺行為ですが、戦時中には、「兵隊さんの手柄話」として受け止められ、国民は英雄視していたのです。この講演を聞いた当時小学生だった志々目さんは「ずるいなぁ」という感想を持ったといわれています。

戦争末期には、日本各地をアメリカ軍が爆撃し、沖縄での戦闘、広島・長崎の原爆投下がそれに続きます。食料供給が逼迫《ひっぱく》し、敗戦前から敗戦直後にかけて国民は極度の空腹に見舞われました。戦争の末期、日本本土にいた大多数の日本国民の悲惨な「戦争の記憶」は、空襲の被害と食糧難の体験が中心でした。戦後になって引き揚げてきた兵士たちが語った「戦争の記憶」も、戦場での、軍隊での「つらかった話」が中心でした。

その一方で、日本軍が侵攻した各地で行なった犯罪行為は語られることはありませんでした。住民に対する残虐行為があったことは被害者たちの証言で明らかですが、自らの行為を証言する元日本軍兵士はほとんどいませんでした。

戦後、戦線から帰還した元兵士たちが部隊ごとに連絡を取り合って「戦友会」が組織されていきますが、かつての戦友との交流を主な目的にしたもので、自分たちが派兵されたアジア各地でどんなことをしたかを社会に伝える役割を果たすことはありませんでした。旧軍の部隊の結束をそのまま踏襲したかのような「戦友会」の存在は、国家の意思として行なわれた戦争を批判する際の大きな障壁になったのではないでしょうか。

こういった状況のなかで、わずかに、中国の撫順と太原の戦犯管理所に収容された1000人余りの元戦犯が集団帰国した後、自らの犯罪行為について証言をはじめますが、これが日本国内で大きな注目を集めることはありませんでした。

1946年5月から1948年11月まで開廷された東京裁判で、日本の戦争指導者と目された東条英機元首相以下25人が裁かれ、7人が絞首刑、18人が収監されますが、天皇の戦争責任の免責や731部隊の人体実験の資料提出と責任者の免責の取引が行なわれるなど、戦争犯罪が十分裁かれることはありませんでした。

撫順戦犯管理所での戦犯たちの学習のようす（『人道と寛恕』より）

１９４６年、米ソ冷戦がはじまると、東京裁判で有罪となった戦犯が服役した巣鴨刑務所に収監されていた戦犯が釈放され、政界に復帰するようになりました。たとえば、安倍首相の祖父である岸信介は、戦時中「満州国」の実業部次長で、東京裁判で有罪となり、３年半巣鴨刑務所で服役していましたが、サンフランシスコ条約後に釈放され、後に首相にまでなっています。

戦犯が政治の中枢に返り咲くような政治の逆コースのなかでは、日本軍の中国大陸、東南アジア各地域での無法行為をあらためて明るみに出すような動きは封じられました。

１９４７年５月３日、戦争放棄をうたった日本国憲法が施行されますが、日本人の新憲法に対するあらかたの受け止め方は、「あの悲惨な戦争をくり返さないように」「つらい目に遭うのはもうこりごりだ」「そのためにこの憲法が役立つなら受け入れよう」というトーンで貫かれていたように思います。

文部省が作成して中学校1年生の社会科教科書として発行された『新しい憲法のはなし』（1947年8月発行。後に副読本に格下げされた）からは、敗戦直後の日本政府が戦争をどうとらえ、新しい憲法をどう国民に教えようとしていたのかを知ることができます。戦争の放棄、戦力の不保持、主権在民の原則を説明していて、現在の安倍政権の憲法解釈の浅薄さにあらためて気づかされるという点でも、一読の価値があります。

しかし、この『新しい憲法のはなし』は、日本国民が体験したおそろしいこと、悲しいことを前提にして、それをくり返してはいけないと教えていますが、他国に対して日本が行なった「おそろしい、悲しいこと」にはまったくふれていません。

「新しい憲法のはなし」は冒頭で、「みなさんの中には、こんどの戰爭に、おとうさんやにいさんを送りだされた人も多いでしょう。ごぶじにおかえりになったでしょうか。それともとう〳〵おかえりにならなかったでしょうか。また、くうしゅうで、家やうちの人を、なくされた人も多いでしょう。いまやっと戰爭はおわりました。二度とこんなおそろしい、かなしい思いをしたくないと思いませんか。こんな戰爭をして、日本の國はどんな利益があったでしょうか。何もありません。たゞ、おそろしい、かなしいことが、たくさんおこっただけではありませんか。」と問いかけます。

それに対して「戰爭は人間をほろぼすことです。世の中のよいものをこわすことです。だから、こんどの戰爭をしかけた國には、大きな責任があるといわなければなりません。このまえの世界戰爭のあとでも、もう戰爭は二度とやるまいと、多くの國々ではいろ〳〵考えましたが、またこんな大戰爭をおこしてしまったのは、まことに残念なことではありませんか。」と教訓を引き出しています。しかし、これは日本の国の視点から利益がなかったと言っているだけで、日本が侵略した国ぐにへの配慮がありません。その後にも、日本軍の侵略した地域で何があったかの継承を促進する動きはほとんどありませんでした。

私ごとですが、１９７３年に東京の公立中学校で社会科の教師になりました。大学時代には、１９６４年の東京オリンピック、翌年のアメリカ軍による北ベトナム空爆、１９６６年の中国文化大革命、翌年から世界的な規模でくり広げられたベトナム反戦行動、１９６８年のフランス5月学生革命、日大・東大闘争などの大学民主化運動、とさまざまな大事件が起こった激動の時代でした。

その時代を体験した教師たちは、各地で空襲・原爆・学童疎開などを取り上げて平和教育を進めていました。私も東京大空襲をテーマに取り上げた授業では、「おうちに帰ってお父さん・お母さんに戦争中のことを聞いてきなさい」「学童疎開のことを聞いてきなさい」と子どもたちに宿題を出していました。このような宿題を出せば、親たちの戦争体験がたくさん集まってくる時代でした。しかし、おとうさんたちから「中国で何をしてきたか聞いてきなさい」という課題は出したことはありませんでした。

そんな親世代の被害体験を掘り起こして、戦争が国民にとってどんなにか悲しいものであったかを教えることで、平和教育をしている気になっていました。

そして、子どもたちに渡された教科書といえば、たとえば、アメリカによる原爆投下は「原爆が落ちて……」などと、あたかも自然現象のように書かれていました。日本軍の加害行為についてはほとんど書かれておらず、中学校の歴史教科書に南京虐殺事件が登場するのは、１９７４年になってからのことでした。

いまでこそ、南京虐殺、「慰安婦」問題が一般に知られるようになっていますが、1974年以前には教科書に書かれていなかったのです。国民が学校教育を通じて近代の戦争を学んでいないのですから、戦争の個々の事実について関心を持たないのも当然のことでしょう。

それでも良心的なジャーナリストたちが、日本軍の加害行為の事実を掘り起こしていました。さきほども紹介しましたが、本多勝一氏は朝日新聞の連載ルポルタージュ『中国の旅』（1971年連載開始、朝日新聞社、1972年）で中国での日本軍の加害の足跡を報告し、千田夏光氏は『従軍慰安婦』（双葉社、1973年）ではじめて「慰安婦」問題を明るみに出しました。1981年には作家の森村誠一氏が『悪魔の飽食』（光文社、1981年）で731部隊の全貌を明らかにし、知らされたことがなかった歴史の暗部に国民は大きな衝撃を受けました。

金学順さん（第10回「慰安婦」問題とジェンダー平等ゼミナール」展示資料より）

1990年代に入ると、歴史研究者や平和教育に携わる教師のなかから、戦争被害の側面ばかりでなく、加害にも目を向けようという動きがはじまりました。
韓国人の金学順さん（1924年～1997年）が、自ら元「慰安婦」だったと名乗り出たのは、1991年8月のことでした。金さんは、12月には東京地裁に日本政府への謝罪と賠償を求めて提訴しています。金学順さんが名乗り出たことによって、この後、韓国ばかりでなく、フィリピン、インドネシア、台湾、中国、マレーシア、東ティモールなどから続々と被害者が名乗り出ました。

第3章

謝罪と妄言をくり返す日本政府

1　日本の戦争責任と戦後補償

戦争はどちらかが「参りました」と言って降伏することで終わります。あるいは第三者が止めに入って、「休戦」になることもあります。日露戦争は後者の場合です。

日清戦争では下関条約が結ばれ、日本は中国に①多額の賠償金の支払い、②清国が朝鮮から手を引くこと、③台湾と遼東半島を日本に割譲すること、などを要求しました。戦争に負けた側はいうことを聞くしかありません。この下関条約に対して「遼東半島までとるのはひどいだろう」とフランス、ドイツ、ロシアが「三国干渉」して、これを清国に返還させています。

日露戦争では、アメリカの仲裁でポーツマス条約が結ばれました。①ロシアは朝鮮から手を引くこと、②南樺太を日本に渡すこと、③中国東北部のロシア権益を日本にわたすこと、などが決められました。

１９１４年から18年までたたかわれた第一次世界大戦では、戦勝国になったイギリス、フランスなど連合国側が負けたドイツをパリに呼び出して、翌年ベルサイユ条約を結びました。連合国側は、①ドイツが持っていた植民地を手放すこと、②多額の賠償金の支払いなどを要求しました。第一次世界大戦では日英同盟によって連合国側についていた日本は、ドイツの植民地だった南洋諸島のパラオ、マーシャル群島、ミクロネシアなどを手に入れます。

ドイツは多額の賠償金の支払いのため、紙幣増刷で対応しますが、ドイツ紙幣で賠償金をもらっても仕方ありませんから、各国はドイツ国内で物資と交換しようとします。戦争で物資がなくなっているドイツでは物価が上がり、貨幣価値が下がる超インフレになり、ドイツの経済は疲弊します。過大な賠償金要求という戦争処理がドイツ社会に引き起こしたひずみが10数年後、ナチスが台頭する原因の一つになったといわれています。

1945年5月のドイツ降伏、8月の日本のポツダム宣言受諾で第二次世界大戦は終結しますが、後始末をつけるための戦勝国側の話し合いはなかなかはじまりませんでした。

ポツダム宣言では、「日本国の主権は本州、北海道、九州及び四国並びに吾等の決定する諸小島に局限せらるべし」とされ、日本が戦争で手に入れた台湾や朝鮮、満州、南洋群島、南樺太が日本の統治から切り離され、本来日本の国土であった沖縄、小笠原、千島列島が、それぞれアメリカ、ソ連の施政権のもとに入りました。

講和会議が開かれたのは1951年になってのことでした。6年間もの期間が費やされたのは、戦争中はドイツ・日本に対抗するためにアメリカとソ連は共同していましたが、戦争が終わるとすぐに戦後体制のあり方をめぐって米ソの対立が表面化し、「米ソ冷戦」がはじまってしまったからです。

一方で、中国でも、国共合作の抗日民族統一戦線で日本に抵抗した国民党と共産党が政治権力をめぐって争い、内戦が勃発しました。この内戦は1949年、共産党の勝利に終わり、毛沢東率いる中華人民共和国が成立しました。

アメリカは、社会主義陣営に対抗するため、日本との戦後処理を急ぎ、1951年、日本とたたかった連合国を集めてアメリカのサンフランシスコで講和会議を開きますが、中国には参加を呼びかけませんでした。中国が呼ばれないなら、とアジアのいくつかの国も不参加を表明しました。ソ連は会議には

サンフランシスコ講和条約に署名する吉田茂と日本全権委員団

参加しましたが、最終的に条約内容が承服できないとサンフランシスコ講和条約に署名しませんでした。

日本国内でも講和会議に参加するかしないかの論争が起き、ソ連などが参加しない会議では意味がないと不参加を主張する「全面講和派」と、講和を急ぐべきだという「単独講和派」に国論が二分しました。結局、日本政府が講和会議に参加したため、この講和を「単独講和」と呼んでいます。

このように日本政府は、１９４５年８月14日にポツダム宣言の連合国への受諾通告、９月２日の連合国との降伏文書に正式調印し、無条件降伏しますが、このときからアメリカを中心とした連合国軍の占領下に置かれ、１９５２年４月28日のサンフランシスコ講和条約が発効するまでの間、独立国としての日本がスタートしなかったのです。

戦争の後始末としては、負けた国が勝った国に賠償することが通例になっていますが、民間人への被害補償はどうなっていたでしょうか。日本はアジア太平洋戦争まで対外戦争で負けたことがありませんから、賠償するのははじめての経験なのです。

サンフランシスコ講和条約では、日本の戦後復興、冷戦下でのアメリカへの協力づくりが最優先事項とされ、各国は日本への賠償請求権を放棄しています。この賠償請求権の放棄は国家としての放棄だけでなく、各国国民のその請求権も放棄する旨が記載されています。

国民の権利を国家が放棄できるかという議論もありますが、サンフランシスコ講和条約では、同時に日本国民の請求権も放棄され、たとえば原爆の被害者も空襲被害者も、アメリカ政府に対して損害賠償を請求する権利がないとされたのです。

アジアのいくつかの国は、日本政府に対する賠償請求権を留保し、事実、日本政府はその後、フィリピン、ビルマ、インドネシア、南ベトナムに対しては賠償しています。ただし、各国に対する経済援助という色彩が強く、個人の戦争被害のつぐないにはなりませんでした。そもそも日本政府には、日本軍の残虐行為で被害を受けた人たちに補償する、という考えがありませんでした。

サンフランシスコ講和条約の後、1952年8月には中華民国（台湾）と日華条約を、1956年10月にはソ連と日ソ共同宣言を、1965年6月には韓国と日韓基本条約を締結しています。それぞれの条約・協定で、戦争中の被害については、国民の請求権を放棄する旨が記載されていますが、それはサンフランシスコ講和条約を踏襲しているからです。

ところが、1972年に締結された日中共同声明には、この個人の請求権放棄の条項がなく、中国政府は「日中の友好関係を促進するため」として、国家としての請求権を放棄する、としました。

1993年の河野談話の後に、民間で「女性のためのアジア平和国民基金（アジア女性基金）」をつくり日本軍「慰安婦」だった方への支払いをしますが、お金は民間の寄付によるもので、政府は基金の設立の事務的経費を負担しただけでした。被害者の多くは日本政府の誠意のないやり方に憤慨して、受け取りを拒否している被害者も多数います。

2 くり返される謝罪と妄言

1972年9月、田中角栄首相は日中国交回復に際して「日本国が戦争を通じて中国国民に重大な損害を与えたことの責任を痛感し、深く反省する」と、日本政府を代表して発言しています。

それから10年後の1982年8月、当時の宮沢喜一官房長官が「過去において、我が国の行為が韓国・中国を含むアジアの国々の国民に多大の苦痛と損害を与えたことを深く自覚し、このようなことを二度と繰り返してはならないとの反省と決意の上に立つ」という談話を発表しています。これは、中学校の歴史教科書で「侵略」を「進出」に書き換えさせた文部省検定に対する中国・韓国からの強い批判に触発されたものでした。

1993年8月には「慰安婦」問題に関して、河野洋平官房長官が「当時の軍の関与の下に、多数の女性の名誉と尊厳を深く傷つけた問題である。政府は、この機会に、改めて、その出身地のいかんを問わず、いわゆる従軍慰安婦として数多の苦痛を経験され、心身にわたり癒しがたい傷を負われたすべての方々に対し心からお詫びと反省の気持ちを申し上げる」という「河野談話」を発表しています。

また同じ年、細川護熙首相は「過去の我が国の侵略行為や植民地支配などが多くの人々に耐えがたい苦しみと悲しみをもたらしたことに改めて深い反省とおわびの気持ちを申し述べる」と国会の所信表明演説で述べています。「侵略と植民地支配」という言葉を首相が使ったのは、はじめてのことでした。

そして１９９５年8月、戦後50年の談話として村山富市首相が「わが国は、遠くない過去の一時期、国策を誤り、戦争への道を歩んで国民を存亡の危機に陥れ、植民地支配と侵略によって、多くの国々、とりわけアジア諸国の人々に対して多大の損害と苦痛を与えました。未来に過ち無からしめんとするが故に、疑うべくもないこの歴史の事実を謙虚に受け止め、ここにあらためて痛切な反省の意を表し、心からのお詫びの気持ちを表明いたします」という、日本政府の姿勢を表明しました。これは「村山談話」として閣議決定され、それ以降の歴代内閣もこの立場を継承しています。

さらに１９９８年11月、小渕恵三首相は「日中共同宣言」で「過去の一時期の中国への侵略によって中国国民に多大な災難と損害を与えた責任を痛感し、これに深い反省を表明した」と述べています。

韓国へは、韓国大統領の訪日や日本の首相の訪韓のたびに、「植民地支配の反省」を述べています。

また、北朝鮮に対しても同様に「反省とお詫び」を表明しています。

また、２００2年にはいわゆる「ピョンヤン宣言」（平壌）が出されました。日本の小泉純一郎首相と北朝鮮の金正日国防委員長との共同宣言で、①日本と北朝鮮の国交回復の交渉、②日本の朝鮮植民地支配の謝罪、③北朝鮮の拉致問題で北朝鮮の謝罪、④東アジアの平和安定が大きな題目として取り上げられました。この共同宣言では、「過去の植民地支配によって、朝鮮の人々に多大の損害と苦痛を与えたという歴史の事実を謙虚に受け止め、痛切な反省と心からのお詫びの気持ちを表明した」と朝鮮の植民地支配を謝罪しています。

このように言葉のうえでは、日本政府は何度も関係国に対して謝罪しているのです。何回なら十分でそれ以上は不要だと言わんばかりの主張もありますが、それ以前にこれらの政府の公式のお詫びや反省の言葉は、韓国、中国、東南アジアの国ぐにの政府や国民の心には届いていないのです。いくら政府や政府要人が謝罪をしても、それを打ち消すような発言が行なわれれば、結局相手は信用せず、謝罪を受け入れることもありません。

これまではこのくり返しであったといってよいでしょう。

１９８６年、当時の藤尾正行文相（任期：１９８６年7月〜9月）は「戦争で人を殺しても殺人罪にあたらない。韓国併合は韓国にも責任がある」と公言しました。その後も侵略戦争であったことを否定する発言が相次ぎ、朝鮮半島の植民地支配を正当化する発言が閣僚から続きました。

１９９４年には、当時の永野茂門法相（任期：１９９４年4月からわずか在任11日間）が就任当初、「南京虐殺はデッチあげ」という発言をして、中国国内からはもちろん日本国内でも大きな反発を招きました。

現在も自民党の有力政治家である麻生太郎氏は、首相になる前からさまざまな独自の歴史認識を言葉にしていますが、２００３年5月には「創氏改名は朝鮮人が望んだ」「台湾も日本のおかげで教育水準があがった」と公言し、２００７年には慰安婦問題に関して「客観的な事実に基づいていない」とも述べています。

さらに、安倍晋三首相は2013年2月7日の国会答弁で「人さらいのように人の家に入っていって慰安婦にしたことを示すものはなかった」と発言して、従軍慰安婦問題の強制性を否定してみせました。李秀梅さんの証言（55ページ参照）は事実でない、というのでしょうか。

A級戦犯が合祀されている靖国神社に毎年参拝した小泉首相の行動や、「みんなで靖国神社に参拝する国会議員の会」の活動は、「反省とお詫び」が心からのものではないことをうかがわせて余りあります。「靖國神社に祀られている戊辰戦争・日清戦争・日露戦争・大東亜戦争など過去に行なわれた戦争の英霊の御霊たちを、国会議員みんなで参拝しよう」という趣旨で1981年に結成されたこの会は、靖国神社の春季・秋季例大祭や8月15日にはメンバーが集団参拝し、2015年4月の春期例大祭には衆参合計106人の議員が集団参拝しています。

戦争の最大の責任者であった東条英機首相などを「神」として祀っていることに、中国・韓国の国民ばかりでなく、多くの日本国民も心情的に納得できない、というのが当然のことだと思います。戦没者を悼んで何が悪い、という人もいますが、靖国神社は等しく戦没者を追悼している施設なのかということが問われています。

靖国神社は1869年に建設された東京招魂社が前身で、そもそも戊辰戦争で天皇方について戦死した者を祀るために建立されたものでした。事実、西南戦争で天皇の軍隊に逆らった西郷隆盛は靖国神社には祀られていません。靖国神社は天皇のために戦死したものだけが祀られるという性格づけがされているのです。靖国神社内の遊就館の展示物は、日本の歴史を天皇中心に描き、アジアへの侵略戦争を「自存自衛」の戦争と解説しています。

A 級戦犯が合祀されている靖国神社

戦没者を追悼するために靖国神社を参拝するという主張がありますが、東条英機などは東京裁判で「死刑」を宣告されたので「戦没者」ではありません。戦犯が祀られる神社に首相や政府要人が参拝することが、かつての戦争を反省していない、東京裁判を受け入れてスタートした戦後体制を否定していると、アジア諸国のみならず、欧米各国に受け取られる理由となっているのです。事実、昭和天皇は１９７８年の東条英機以下のA級戦犯の合祀をきっかけに参拝を止め、それ以降、現在の天皇も靖国神社を参拝していません。

安倍晋三首相は２０１３年12月26日、靖国神社参拝を強行し、「英霊を崇敬して何が悪い」「中国や韓国は以前には抗議していない」などと強弁しました。たしかに中国・韓国は以前、天皇の参拝、政治家の参拝に対して抗議をしていません。１９７８年のA級戦犯の合祀は靖国神社が密かに行なったことで、国民が合祀の事実を知ったのは翌年の新聞報道からでした。その事情を知らなかった中国・韓国が抗議するはずがありません。

その後の安倍首相の妄言はとどまるところを知りません。きわめつきは「侵略の定義」に対する見解で、2013年4月23日の国会では「(侵略の定義は)学界的にも国際的にも定まっていない。国と国のどちら側から見るかということにおいて違う」と答弁しています。国連総会で侵略の定義について決議している、と指摘され、世界各国、とくにアメリカサイドから批判されても、「国連決議は単なる参考と承知している」と述べる始末でした。

2006年第一次安倍内閣のとき、日中の歴史研究者の合同検討(第1次「日中歴史共同研究」)がはじまりました。安倍首相が任命した研究者が中国政府の任命した歴史研究者と共同で研究を進め、外務省が2010年1月31日に成果を発表しています。これにははっきり日本軍の中国侵略の事実、平頂山事件、南京虐殺、731部隊の残虐行為などが記されています。安倍首相はこの報告書を読んでいないのでしょうか。

このように、国政の最高責任者が戦争責任を否定したり、軽視したりするという状態が続いているのです。

3 ドイツはどのように戦後補償を行なっているか

日本と同様に、周辺国を侵略して残虐行為を重ねたドイツは、どのように戦争責任を果たしてきたのでしょうか。ヒットラー率いるファシズム政権は「大ドイツ帝国」建国を掲げ、周辺国への侵略を重ね、多くの生命と財産をうばいました。敗戦の末に連合国の裁判を受け入れたことは日本と同様ですが、その後、国民・政府がそれぞれに「戦争責任」を自ら引き受けようと努力する点で大きな違いが出ました。ドイツでも、はじめはナチスの犯罪を自国の裁判所で裁くことができませんでした。連合国が開廷した極東国際軍事裁判（東京裁判）と並ぶ二大国際軍事裁判の一つである「ニュルンベルク国際軍事裁判」（1945年11月20日～1946年10月1日）が、ドイツの戦争犯罪を裁きましたが、この裁判で被告になったのは、24名の戦争指導者たちにすぎませんでした。

24名にとどまらない各レベルでの戦争犯罪者をどのように裁くのか、まず、時効をどうするかという議論がドイツ国内で起こりました。当時、ドイツの法律では時効は20年で、1965年頃から「時効の延長」という議論が起こり、5年、10年と延長され、ついには「ナチスの犯罪には時効を適用しない」ということになったのです。

事実、最近のことでは、2012年11月にドイツの検察当局が、第二次世界大戦中にレジスタンスのオランダ人を射殺した元ナチス親衛隊の男性（91歳）を起訴しています。また、2015年2月には、アウシュビッツで会計係をしていた元ナチ党員の男性（93歳）を起訴しました。直接虐殺に加わらなくても虐殺の現場にいた、というだけで訴追の対象になっているのです。このことからも戦争犯罪者をゆるさないという国民・国家の決意を見てとることができます。

このようにドイツでは時効を適用することなく、検察当局が事件を告発し、起訴しているのです。被害者が提訴しないかぎり裁判が開始しない、訴えの内容も審理することもなく、時効で門前払いしてし

ポーランドのアウシュビッツ第２強制収容所ビルケナウ跡

まう日本とは大きな違いがあります。
さらにドイツでは、政治のリーダーが率先して謝罪の国際行動を行なっています。１９７０年、ドイツのブラント首相はポーランドを訪問し、ワルシャワのユダヤ人ゲットー蜂起の記念碑の前で跪いて祈りを捧げました。また１９８５年、ヴァイツゼッカー大統領は戦後40年の演説で「過去に目を閉ざす者は、結局のところ現在にも盲目となります。非人間的な行為を心に刻もうとしない者は、またそうした危険に陥りやすいのです」と格調高いスピーチをしています。さらにこの言葉には続きがあります。「被害者が加害者をゆるそうという気持ちになるには、自分自身への長い葛藤があることを加害者を推し量るべきである」とドイツ国民への警鐘をならしているのです。
謝罪の言葉を重ねるばかりでなく、ユダヤ人被害者への賠償金を支払い続けてきました。
２０００年夏には「記憶・責任・未来」基金を

設立し、強制連行・強制労働をさせられた被害者に対する補償金の支払いをはじめました。これは国と企業が負担して基金を用意したもので、支払いは２０１１年までに完全に終了した、と発表されました。

しかし、こうしたドイツの「戦後補償」も、一貫して行なわれたわけではありません。１９６０年代には、ドイツの若者たちが「親の世代の戦争責任」を追及する運動を展開しています。１９６０年代の若者といえば、親が戦争世代でした。戦後生まれの若者たちが、親たちの世代がやったことを批判し、追及し、そのうえで親の世代の責任を自分たちも引き継いでいく、という運動を展開していきました。

その結果、ドイツ政府が戦争犯罪を裁く方向に政策を転換し、これを契機に周辺諸国との和解が進んでいきました。今日のＥＵ（ヨーロッパ連合）に発展するヨーロッパ共同体は、ドイツがナチス犯罪を真摯に反省し、戦争で敵対したフランスなどの国ぐにとの信頼関係を構築したことでつくりあげられたのです。

２０１４年6月、フランスのノルマンディで開かれたノルマンディ上陸70周年の記念式典では、このことをはっきり示した出来事がありました。ドイツ・フランスの首脳ばかりでなく、アメリカのオバマ大統領、ロシアのプーチン大統領も参加しているこの式典で、ナチスによる残虐行為の映像が流れたのです。

強制収容所でのユダヤ人などの虐殺を認めない歴史修正主義者の政治家、研究者あるいはナチズムを賛美するネオ・ナチグループの存在もありますが、これはごく少数の勢力です。現在のヨーロッパでは、ナチスの犯罪行為の事実が共通教養となっているといっても過言ではありません。

くり返しになりますが、日本の場合は政治のリーダーが、従軍慰安婦の存在を否定し、「侵略かどうかは国によって見方が違う」(2013年4月安倍首相の国会答弁)などと公言する始末です。60年代の若者が日本の戦争責任を追及する運動を展開してこなかったことも事実です。また、戦後の歴史教育が加害の事実を等閑視してきたことも大きな戦後民主主義の弱点の一つでしょう。

ふたたびアジア人同士がたたかわないために東北アジアの平和圏づくりの構想が焦眉の課題になっています。日本がその戦争責任を明確にすることによって、対等、平等かつ平和、互恵の関係が生まれてきます。

4　国民の請求権は存在する

さて、中国人の戦争被害者が日本の裁判に提訴して問題を解決しようとしたのは、裁判所が被害者の要求が正当だと判断すれば、その判決を受けて国と企業が行動を起こすと考えたからでした。国や企業に直接申し入れたとしても、容易には謝罪や賠償には結びつかないと判断したうえでの窮余の策でした。

しかし、裁判ではいくつかの問題が立ちはだかりました。日本の民法では、被害から20年が経過すると、被害を訴える権利がなくなるという「時効・除斥」という法律があります。

中国人の戦争被害は70年以上昔のことです。1995年の提訴の時点ですでに50年が経過していました。裁判を起こすこと自体がそもそも無理だ、というふうに考えた日本の支援者もいました。

また、国家無答責の法理の存在がありました。戦前、国家の意思を受けて行なわれた国家の行為に対してはその責任を問うことができない。明文化された法律の条項はありませんでしたが、法理となって機能していたのです。

被害者が来日して法廷や集会で証言したり、報告したりすることで、日本軍の残虐行為による被害の実相が次第に明らかになりました。南京事件も従軍慰安婦も各種の強制連行事件も、裁判所はほとんどの裁判で被害者の陳述が事実だと認定しています。

こんなひどい犯罪行為を昔の出来事だからと言って済ますわけにはいかない、時効・除斥の適用は無理だ、と判断する裁判官も出てきました。また、国家無答責についても、戦後の民主主義の世の中で戦前の法理を適用してよいのか、これらの戦争犯罪が国家無答責の対象になるのか、という判断から、被害者勝訴の判決を書く裁判官も出てきました。

この裁判の流れに対して、日本政府が持ち出したのが「請求権放棄論」でした。1972年の日中共同声明は国家の賠償請求権の放棄をうたっていますが、国民の請求権の放棄には言及していません。そのことを承知のうえで、日中共同声明も戦争の後始末の一環であり、サンフランシスコ講和条約の延長線上で国民の請求権も放棄されていると考えることができると主張したのです。

しかし、この主張には無理があります。サンフランシスコ講和会議には、中国政府（中華人民共和国）も中華民国（台湾）も招聘されていないのです。1972年の日中共同声明は、日本と中国が自主的に国交を回復させたもので、中国政府が「中国（政府）は、今日本に賠償請求すると日本の人民に迷惑がかかるので賠償請求権を放棄する」と述べ、賠償請求権を放棄したものでした。国家としての賠償請求はしない、ということで、それ以上の解釈をして、被害を受けた個人の賠償請求権を放棄したと読むのは拡大解釈なのです。

最高裁判所は日本政府の「請求権放棄論」を認め、２００７年4月、被害者の請求を棄却しました。これ以降、すべての戦後補償裁判が、「請求権放棄論」で門前払いされてしまうのですが、この最高裁判決も「裁判上の権利すなわち訴求権」が放棄された、というだけで、加害者に対する直接の賠償請求が放棄されたわけではない、という判決を下しています。

被害者が直接加害者に賠償請求をして、話し合って解決することを何ら妨げるものではありません。

第4章

平和のための戦後補償を求めて

1 語り継ぐための記録を

中国人戦争被害者に対する戦後補償の問題が解決しないまま、70年近くの時間が経ってしまいました。被害者がすべて死に絶えたらどうなってしまうのでしょうか。

1894年11月、日清戦争の最中に「旅順虐殺」といわれる「事件」がありました。中国大陸に侵略した日本軍が旅順の町を制圧するとき、3日間にわたって市民を虐殺した、という事件です。日本軍は町に攻め込んだときに兵士の何人かが犠牲になったことへの報復だ、と説明していますが、中国側では2万人の市民が虐殺されたと、記録しています。旅順市内には「万忠墓記念館」があり、この歴史の事実を伝えています。

司馬遼太郎は『坂の上の雲』(1968年から1972年『産経新聞』に連載。全6巻、文藝春秋、1969年〜1972年刊)で、この事件を描くにあたって資料を丹念に調べた、と書いていますが、1894年11月の記述は21日に旅順攻撃をはじめ、24日に占領したとだけ書いてあって、旅順の町で占領下に何があったのかを「ほおかむり」しています。

もちろん、このときの被害者・目撃者はいまはだれ一人、生存していません。関係者がすべて死に絶えたら、歴史の彼方に「文字だけのこと」として葬りさられてしまいます。日中戦争で日本軍がやった残虐行為も生存被害者がいなくなったとき、この「旅順虐殺」と同じ運命が待ち受けているかもしれません。16世紀の豊臣秀吉の朝鮮侵略と同列の歴史になってしまうかもしれません。それでも韓国・朝鮮

毛子埠村虐殺記念館（2013年4月6日、大谷撮影）

の人たちの間では、いまも豊臣秀吉の朝鮮侵略が民衆の記憶として継承されているのです。

１２０年前の日清戦争の古い話でなくとも、77年前の日中戦争のときに中国のある村で起こった事件が忘れ去られようとしていました。

山東省青島市から60キロメートル郊外の小さな農村である即墨市毛子埠《マオズブー》村では、１９３８年５月８日、日本軍による虐殺事件が起きています。この村を占領していた日本軍が、村内の有力者同士の争いに介入して、兵隊に犠牲が出たことから報復を行なったという事件でした。日本軍は家々に火を放ち、５００人の村人のうち、１８０人を殺しています。この事件は戦後、だれも記録したり、証言したりしているものがなく、この村でもその事実が忘れ去られようとしていました。

しかし、あるとき抗日戦争勝利50周年に関するテレビ番組で毛子埠村の虐殺事件が取り上げられたことがきっかけとなり、この村に小さな記念館が建てられました。虐殺事件の唯一の生き残りで目撃者でもある趙有海さんの息子・丁春源さん（56歳）がこの事実を知り、私財をなげうって、自らの手で事件を調べ、記念館を建てたのです。

私たちは２０１３年４月にこの記念館を訪ね、80歳になった趙有海さんの話をうかがいました。趙さんはいまも記念館で語り伝えていますが、彼がいなくなれば、直接証言する人はいなくなります。

歴史的な事実は後世に語り伝えていく必要があります。本書に証言を収録した被害者の多くが鬼籍に入られました。もう生の証言を聞く機会はありません。しかし、証言を文字や映像で記録することはできます。多くの証言集会が、映像で記録されています。ビデオやＤＶＤの映像で証言をたしかめられます。このことがまず必要だと思います。

学校で教師が子どもたちに話すとき、親が子どもに語るとき、これらの映像がたしかな記録となっていきます。これらの証言を聞いたり、見たりした人たちは「これがウソ」かどうかの判断はつくと思います。これらの記録をきちんとつくり、後世に伝えていくことが必要です。

劉連仁生誕 100 年墓前祭で話す息子さんの劉煥新さん（2013 年 4 月 7 日、山東省高密、大谷撮影）

2　歴史の教科書にきちんと書く

「事実を後世に伝える」。このことを保障するためには、第一に、学校できちんと子どもたちに伝える、ということが必要です。戦後、日本軍の残虐行為は学校でほとんど伝えられてきませんでした。いま、教科書記述はどうなっているのでしょうか。１９９０年代の運動の高まりのなかで、教科書にも日本軍の残虐行為の数々が記載されるようになってきました。

「慰安婦」問題の記述は、１９９７年時点では中学校歴史教科書全社にその記述がありました。たった1行でも書かれていれば、教師はこれを手がかりに授業をすることができます。２００６年版の日本書籍新社の中学校歴史教科書には「朝鮮などアジア各地で若い女性が強制的に集められ、日本兵の慰安婦として戦場に送られました」と書かれていました。現在、「慰安婦」問題を記述している中学校の歴史教科書は「学び舎」1社だけになってしまいましたが、高校の教科書には、きちんと書かれています。

南京大虐殺も教科書の記載で問題にされましたが、現在、全国で使用されている7社の中学校の教科書にはつぎのように記述されています。

東京書籍：日本軍は同年末に首都南京を占領しました。その過程で女性や子どもなど一般の人や捕虜をふくむ多数の中国人を殺害しました。（南京事件）

〈注〉この事件は南京大虐殺として国際的に非難されましたが、日本の国民には知らされず、戦後の極東国際軍事裁判（東京裁判）で明らかにされました。被害者の数については、さまざまな調査や研究が行なわれていますが、未だに確定していません。

教育出版：12月に占領した首都の南京では、多数の捕虜や住民を殺害し、国際的な非難を受けました（南京事件）。

〈注〉この事件は、当時の国民には知らされず、戦後になって明らかにされました。

〈写真〉南京の占領を祝う東京の街の様子

清水書院：南京占領の際は、兵士の他、捕虜や武器を捨てた兵士・老人・女性・子どもを含む非戦闘員も無差別に虐殺され……

〈注〉南京大虐殺とよばれる事件、諸外国はこの南京大虐殺を強く非難したが、軍の統制を受けた報道によって、当時の日本人はこの事実を知らなかった。

帝国書院：日本軍は中国南部から侵攻し、上海や当時首都であった南京を占領しました。南京では兵士だけでなく、女性や子どもを含む多くの中国人を殺害し、諸外国から「日本軍の蛮行」と非難されました（南京虐殺事件）。しかし、このことは戦争が終わるまで、日本国民には知らされませんでした。

日本文教出版：12月に占領した首都南京では、捕虜の他、女性や子どもを含む多数の住民を殺害しました。

〈注〉当時、この事件は日本国民には知らされませんでした。戦後、極東国際軍事裁判に当時の調査資料が提出され、その後の研究で、部隊や将兵の日記にもさまざまな殺害の事件が記録されていることがわかりました。ただし、知られていない殺害がどれだけあるのか、全体像をどうとらえればよいのかなど、更に研究が必要な部分もあります。

自由社：…………本文記載なし

〈注〉南京占領の際に、日本軍によって中国の軍民に多数の死傷者を出した（南京事件）。

育鵬社：…………本文記載なし

〈注〉このとき日本軍によって、中国の軍民に多数の死傷者が出た（南京事件）。この事件の犠牲者数などの実際については、さまざまな見解があり、今日でも論争が続いている。

このように自由社、育鵬社の教科書では、南京事件について本文にまったく記述せず、「南京虐殺はなかった」論に立っています。その他の社の教科書は基本的に事実を書いています。

書き方の問題として「南京陥落を祝う東京の人たち」の写真をあわせて掲載しているため、どう教えたらよいのか、という疑問点があります。犠牲者数についても、これ以前の教科書は十数万人などと具体的な数を示しているものもありましたが、今回の記述では「多数の」「無差別に」などとことさら数値を出さない状況が生まれています。

また、特記すべきは、中学校歴史教科書の強制連行問題に関する記述です。

東京書籍：多数の朝鮮人や中国人が意思に反して日本に連れてこられ、鉱山や工場など劣悪な条件のもと、過酷な労働を強いられました。

教育出版：労働力の不足を補うために、多くの朝鮮人や中国人が日本に連れてこられ、工場や鉱山で働かされました。その労働条件はきびしく、低い賃金で苦しい生活を強いられました。

清水書院：日本は朝鮮や台湾の人びとを戦争を支えるための食料の増産や軍需物資の生産を支える労働につかせました。〈中国人については言及なし〉

帝国書院：日本国内で労働力が不足すると、企業などで半ば強引に割りあてを決めて、朝鮮人や中国人を集め、日本各地の炭鉱、鉱山などに連れて行き、低い賃金できびしい労働をおしつけました。

日本文教出版：朝鮮や中国の占領地から数十万といわれる人々を動員して、炭鉱や工場などのきびしい労働条件の職場で働かせました。

自由社：多数の朝鮮人や中国人が日本の鉱山などに送られて過酷な条件や待遇のもとで働かされた。

育鵬社：日本の鉱山などに連れてこられ、きびしい労働を強いられる朝鮮人や中国人もいました。

中学校歴史教科書（東京書籍、日本文教出版、2012 年版）

強制連行、強制労働の事実は隠しようがないのです。

また、事件にはふれていながら、内容に問題がある記述もあります。現在、平頂山事件を記述している中学校の歴史教科書はありませんが、高校の教科書で1社（実教出版）だけ平頂山事件を記述しているものがあります。その記述はつぎのとおりです。

『満州国』を承認する日満議定書が調印された9月15日夜、抗日ゲリラ隊が、満鉄が経営する撫順炭鉱を襲撃した。翌朝日本軍は、事件に関係あるとして近くの平頂山の住民3000人余を殺害した。(平頂山事件)」

これは当時の日本政府が国際連盟で弁明した内容に近い記述で「満鉄を襲撃したゲリラに協力した住民」というのは事実ではありません。書いていないよりまし、とも言えますが、これでは日本軍の行為の不当性が浮かび上がりません。

このような教科書の記述を歴史的な事実によってより正確に書きあらためていくことも必要になっています。

3　何よりも日本政府の誠意ある謝罪を

2010年9月、日本政府の招待で来日した元アメリカ兵のレスター・テニー氏らに面会した岡田外相（当時）は「日本政府を代表して心からお詫び申し上げる」と謝罪しました。テニー氏は1942年5月、フィリピンでの有名な「バターン死の行進」のときに生き残った捕虜です。日本軍はフィリピン・ルソン島のバターン半島で、7万人の捕虜に炎天下を100キロメートル以上裸足で歩かせ、多くの死者を出しました。テニーさんらはその後、福岡県の三井三池炭鉱で1945年まで強制労働させら

遺棄毒ガス事件の被害者・李臣さんと会う土井たか子社民党党首

れました。

2011年3月には、前原外相がシンガポールやインドネシアで捕虜となったオーストラリアの元兵士と面会して「わが国がオーストラリア人の元戦争捕虜を含む多くの人びとに対し、多大の損害と苦痛を与えたことに深い反省と心からのお詫びを申し上げます」と、政府を代表して謝罪しました。

また、この年の12月には、元カナダ兵に対しても謝罪しています。これらはすべて国費で招請し、日本政府として謝罪しています。

欧米の被害者には謝罪し、アジアの被害者には何もしない、というのは明らかにダブルスタンダードです。アメリカ・カナダ・オーストラリアの被害者に謝罪できるのなら、もっとひどい被害を与えたアジアの被害者に謝罪できない、という道理がありません。

国会議員のなかには、中国人被害者が来日した折、被害者と面会して解決への努力を約束した議員もいます。平頂山事件に関しては、現地を訪れて直接被害者に謝罪し、国への働きかけを約束した議員もいます。南京虐殺記念館を訪れた国会議員もいます。しかし、政府としての被害者に対する公式の謝罪はありません。

中国人戦争被害者の要求はそれぞれにありますが、どの被害者も必ず言うのは、日本政府の誠意ある謝罪を希望するということです。このことを第一に実現しなければなりません。どういうかたちで謝罪すればよいかはわかりません。どんな謝り方をしたら受け入れられるかは人それぞれでしょう。ドイツのように犠牲者の慰霊碑に「跪いて祈る」ことも必要かもしれません。個人の家に政府の代表者が出向くという方法もあるかもしれません。どのようなかたちをとるにせよ、被害者が納得するかたちで行なう必要があります。加害者がいくら「謝った」と言っても、被害者がゆるしてくれないかぎり和解はありません。そのうえで、被害者が納得する賠償をする必要があると思います。とくに強制労働の被害者には「賃金ももらっていない」という思いがあります。企業も国もこの点を曖昧のままにしていいわけがありません。

4　日中市民の草の根の交流

「中国人戦争被害者の要求を支える会」(現「中国人戦争被害者の要求を実現するネットワーク」)がつくられてから、支える会会員と中国の被害者とは何度も往来し、交流を重ねてきました。被害者の来

海南島にある陳亜扁さんの家を訪ねた支援者と陳さん（前列中央）とその家族（2010 年 11 月6日、大谷撮影）

日、支える会会員の被害者訪問など相互の交流が信頼関係を培ってきました。

当初、日本人を敵だと思っていた被害者も、支援者と交流するなかで「日本人にもいろいろな人がいる」ということを理解し、日中友好の橋渡しの役目を果たしています。被害者ばかりでなく、被害者のまわりにいる中国の市民も、被害者を支援する日本の市民との交流を通じて日中友好の大切さを理解してきています。撫順では「平頂山事件被害者声援団」が結成され、多くの日本の市民と交流を行なっています。また、支える会会員と中国の市民との交流も行なわれてきました。とくに若い大学生との交流、研究者との交流が行なわれています。

海南島の海南島の元「慰安婦」のおばあさん、陳亜扁さん、鄧玉民さんらを訪ねたとき、若い中国人の女性に通訳をお願いしましたが、打ち合わせで彼女は「あなた方はなぜ自国の政府を訴えるような運動をしているのか。他国の人を支援するのか」という疑問を私たちに投げかけてきました。彼女は日本の大学に留学して、日本の事情も多少わかっているはずですが、私たちの運動に懐疑的だったのです。

しかし、つぎの日海南島の元「慰安婦」のおばあさんを訪ね、そのおばあさんの話を聞き、日本の支援者の活動の実際を知ると、涙を流して「海南島の慰安婦のことも知りませんでした。正義のためにたたかっているみなさんの姿を見て考えを変えました」と話してくれました。

余談ですが、２０１１年3月の東日本大震災の折、中国の被害者、弁護士などから「中国人戦争被害者の要求を支える会」にたくさんの「お見舞い」の手紙、ファックス、メールが届きました。

「昨日日本の地震災害を知り、とても怖かったです。弁護団、支える会会員、医師、看護士およびご家族のみなさんの安全、被災地域のみなさんの無事をお祈りします」（チチハル毒ガス被害事件の被害者・楊樹茂さん）

「みなさま大丈夫ですか？　みなさまがこの災難を無事乗り越えられますことをお祈りしています。どうかご無事でいて下さい」（強制連行被害者・蒼欣書さんの遺族・蒼燕紅さん）

「3月11日の夜、地方出張から北京に戻り、日本の東北地方で大地震が発生したことを知りました。それによる津波の被害や翌日の原子力発電所の爆発事故、一連の震災の映像は痛ましく、とても心配しております。この数日中国のメディアも関連情報を絶えず伝えています。関係者のみなさまはご無事でしょうか。みなさまのご無事を切に願っております」（康健弁護士）

このように日本人の災難に心を痛める中国市民がたくさんいます。

5　市民運動の意味

１９９５年８月７日、「中国人戦争被害者の要求を支える会」の発会総会が開かれました。呼びかけ人で歴史学者の藤原彰さんから「このたびの提訴は、歴史に対する責任であり、真にアジアの人から信頼されるためのたたかいである。長期間にわたるたたかいになると思うが、けっして無駄なたたかいではない。大きな期待を寄せている」とあいさつがありました。

弁護団を代表して尾山宏団長が「法廷だけのたたかいにしてはいけない。日本政府の態度は一歩外に出れば通用しないものである。弁護団はがんばるが、弁護団のがんばりだけでは勝てない。勝つためには一にも世論、二にも世論、三にも世論である。アジアや世界の人びとから軽蔑されないように、このたたかいを日本人の力で成し遂げましょう」と挨拶しました。

この言葉を原点に私たちは20年間、中国の戦争被害者の要求を支持し、この問題の解決のための運動を続けてきました。支える会の機関紙「すおぺい」２号（１９９６年）に「事務局スタッフ」の新庄敦司さんがつぎのように書いています。

中国人戦争被害者の要求を支える会ニュース
すおぺい
2001年
8月10日
NO.31
劉連仁事件
判決特集号
中国人強制連行事件第一次訴訟（7月12日）
「劉連仁事件」全額勝訴
7月23日には日本政府は控訴
劉さんにこの判決を聞かせてあげたかった
迎春花

中国人戦争被害者の要求を支える会ニュース
「すおぺい」No.31（2001年8月10日）

「バスは動き始めた。沢山の人の、いろいろな思いを乗せて。バスの名前は『中国人戦争被害者の要求を支える会』。とても遠いところへ走っていく乗り合いバスです。途中赤信号もあれば、左折したり右折するかもしれない。乗る人もいれば、降りる人もいるかもしれない。それでも様々な人を乗せたバスは毎日毎日少しずつ進んでいきます。だけど、ガス欠にはなりません。だってこのバスの燃料はガソリンじゃなくて、ぼくたち一人ひとりの気持ちなのですから。だからみんなで運転しましょう。たとえ道を間違っても、渋滞になったとしても目的地に向かって進みましょう」

日本国憲法が保障する結社の自由のもとで、多くの人びとのエネルギーが結集して事態を変える原動力になっています。しかし中国では、結社の自由は制限されています。政府や共産党の許可がないと社会変革の運動はできません。中国の市民は自らの要求を実現させる手段を持っていないといっても過言ではないと思います。勢い、だれかにやってもらう、有力者に頼る、ということになりがちです。実際、中国の人は私たちの運動に対して、お金はどこからもらっているのか、指示はどこから出ているのかなどと聞いてくることがあります。「会の資金は自分たちで出している。多くの人が少しずつお金を出して、この運動を支えている」と聞いてもピンと来ないようです。

「支える会」発足当初、中国人被害者が日本政府を提訴することに、中国政府の積極的な支援はありませんでした。中国政府は「日本政府との友好」を第一に考えて、日本政府を相手に提訴することに政治的な配慮をしていました。なかには、電話は盗聴されるので、公衆電話で連絡をとったという被害者もいました。支える会会員が訪中したときは、県や市など行政機関を通して本人と連絡しようとすると、わざと会わせないようにする、という妨害もありました。日本の閣僚などの妄言がくり返されるなかで、最近では日中間の歴史問題の解決の一つの動きとして容認する動きも出てきました。

中国国内での社会運動の困難さを強調しましたが、それでも最近は、ネットを駆使して中国の市民も自分の考えを表明できるようになってきています。まだまだ、ごく一部かもしれませんが、それでも以前よりは自由に意見を言えるようになってきたと思います。

これにくらべて、自由に活動できるはずの日本の市民運動や活動が盛り上がっている、という状況ではありません。若い人たちが「自分たちの要求を自分たちで解決する」という社会運動から遠ざかっているように思えてなりません。「いくらやっても変わらない。やっても無駄」「だれかがやってくれるのでは」と考える傾向にあるのではないかと思えるほどです。

最近の「カリスマ待望」とも思える選挙結果や「他力本願」の風潮の広がりは、この傾向を象徴しているようです。また、教育のなかで「自分たちにある権利」をしっかり教えられていないことにも原因があるかもしれません。市民運動を制限しよう、という勢力が市民運動をやりにくくしていることも一因かもしれません。ごく卑近な例ですが、比較的低額の第三種郵便の認可基準も「年間4回の定期発行、500部以上、有料購読者8割以上」とハードルを高くしてしまいました。政府は市民活動の促進、NPOとの連携などを唱えていますが、その方針が実際のものにはなっていないのです。会が機関紙を郵送しようとしても郵送料がかなりの高額になります。小さな市民運動はこれでは広がりません。

6 課題別に多くの支援組織

東京を中心にいくつかの中国人戦争被害者の要求を支援する組織がつくられています。まず、平頂山事件に関しては「撫順から未来を語る実行委員会」が精力的な活動を続けています。平頂山事件のことが日本国民のなかで認知度が低い、ということで、事件を知らせる活動が行なわれています。事件から80年が経過し、もっとも若い生存被害者も87歳になっています。この人たちが生きている間に解決しよう、国が平頂山事件被害者の要求を実現するよう活動しています。

南京虐殺事件の被害者の支援をしようというグループは「南京への道・史実を守る会」で活動しています。このグループは、日本国内にある「南京虐殺はなかった論」を克服するための活動を進めています。南京虐殺の事実をどう広めていくかを考えながら、映画祭の企画・学習会などを行なっています。日本ではじめて上映された南京大虐殺がテーマの中国の映画「南京!南京!」(初公開は２００９年４月、日本での１日限りの公開は２０１１年８月)、ドイツ・フランス・中国合作の「ジョン・ラーベ」(初公開は２００９年４月、日本での初上映は２０１４年５月)の自主上映を各地で行なってもいます。

７３１部隊事件の被害者遺族を支援する組織は「７３１部隊被害者遺族を支える会」をつくって被害者遺族と交流を進め、被害者遺族の要求をまとめ、これをもとに対政府交渉をしようとしています。７３１部隊の事実については、日本政府自体が公式には認めていません。しかし、７３１部隊については、教科書裁判や国家賠償の訴訟で、司法の場では事実認定されています。

９０年代半ばには日本各地で「７３１部隊展」が開催され、総勢で23万人以上の人びとが参観し、７３１部隊の実態をつぶさに知ることになりました。２０１３年秋からふたたび「７３１部隊展２０１３」を組織し、各地での展示会を開催しています。20年の間をあけて開催された「７３１部隊展」には多くの若者も参加しています。

中国人「慰安婦」を支援する会は、毎年山西省の被害者を訪ね、おばあさんたちと交流を続けています。また、韓国、台湾、フィリピンなどの「慰安婦」裁判支援グループと共同で問題を解決するための運動を続けています。国際的な認知を進めるために国連に行ったり、国会での立法を進めるための活動をしたり、地方議会で「問題解決」の決議をあげるために地方議員への働きかけを行なったりもしています。また、教科書に「慰安婦」記述を求める運動もねばり強く続けています。

海南島の元「慰安婦」を支援するグループであるハイナンネットの活動もユニークです。毎年海南島を訪ね、おばあさんたちに寄り添い、ともに考える交流を続けています。また、東京各地の大学で出張授業にもとりくみ、学生にその事実と運動の状況を知らせ続けています。

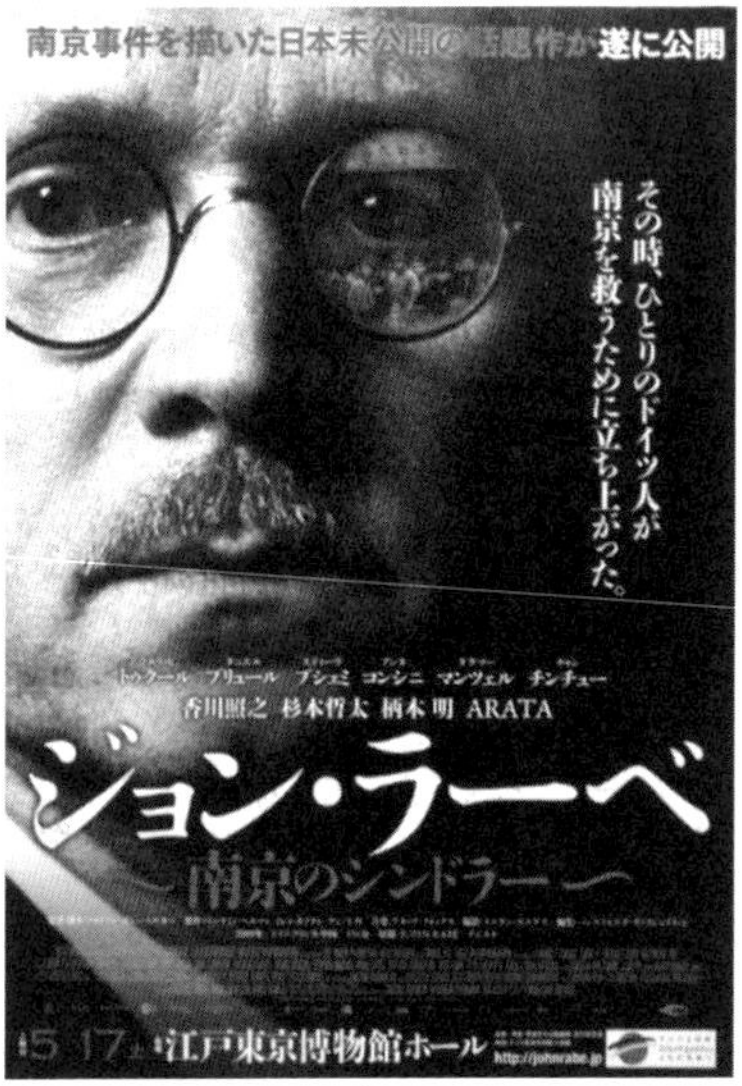

「ジョン・ラーベ　～南京のシンドラー～」

監督・脚本：フロリアン・ガレンベルガー、主演：ウルリッヒ・トゥクール、日本側出演者：香川照之、杉本哲太、柄本明、ARATA。1937年に南京が日本軍に占領され、市民らが多数虐殺されたとき、ドイツ・シーメンス社の南京支社長だったラーベが書いた日記をもとにした映画。

遺棄毒ガス被害者の支援では、裁判を支援してきた「毒ガス問題を考える会」、チチハル毒ガス被害事件の被害者を支援する「チチハル８・４被害者を支援する会」、敦化の被害者を支援する「周くん・劉くんを応援する会」があります。

これらの組織は毒ガス被害者の救済という点で共通することから、「化学兵器被害解決ネットワーク」をつくり、共同で活動を行なっています。

日本政府に対しては、被害者の医療保障と生活保障を要求する運動を展開し、２０１０年から署名活動を進め、２万を超える署名を政府に提出しました。また裁判支援とは別に毒ガス被害者の医療支援を行なおうと、化学兵器ＣＡＲＥみらい基金という組織が日本の医師グループとの協力で中国での検診を行なっています。この検診によって、毒ガスの被害は皮膚疾患と呼吸器障害にとどまらないことが明らかになってきました。２０１３年３月には中国の医師との共同検診も実現し、中国での治療に可能性を開いています。２０１４年10月には、日本の毒ガス弁護団と中国の人権発展基金会の間で民間基金設立に合意しました。

強制連行事件では、全国にある強制連行の現場を抱えた県で運動が広がっています。裁判をたたかった北海道・山形・新潟・長野・群馬・京都・福岡・宮崎ばかりでなく、２０１２年になって中国人被害者から提起があった愛知県や住友鉱山の強制労働の現場があった愛媛県、さらには静岡、山口などでも強制連行の現地調査が行なわれ、運動を広げようとしています。強制連行の現地では、地域のお寺の協力で慰霊碑がつくられ、慰霊祭を続けているところも多くあります。

一方で、中国各地に「抗日」の博物館がつくられ、主立ったものでも、北京の抗日記念館、瀋陽の九一八記念館、撫順の平頂山惨案記念館、ハルビンの７３１部隊罪証陳列館、南京の南京大虐殺殉難同胞記念館、中国政府が開設している記念館や私設の劉連仁記念館、毛子埠記念館などが中国国内でつぎの世代に歴史を伝えることを目的に運営されています。

現地を訪れ、実際の被害者、事物にふれることは大変意味のあることです。支える会はツアーを組んでこれらの記念館や被害者を訪ね、交流してきました。これらの参加者が、日本でこの問題の解決にとりくんでいます。

長野県・木曽川にある強制連行被害者の慰霊碑（2010年6月13日、大谷撮影）

あとがきにかえて

日本政府と企業を相手に謝罪と賠償を求めて１９９５年にはじまった中国人戦争被害者の裁判は、東京で争われた南京事件、７３１部隊の事件、無差別空爆、平頂山事件、「慰安婦」事件、遺棄毒ガス事件と、強制連行の現地でたたかわれた札幌、山形、新潟、長野、金沢、京都、広島、福岡、長崎、宮崎、前橋、東京の地方裁判所で、合計20件の裁判になりました。

これに対して、日本政府は個別の被害者の提訴に対して「解決済み」として取り合わない姿勢に終始しました。除斥や国家無答責の主張が通用しないとなったとき、日本政府が持ち出したのが、１９７２年の日中共同声明で中国人の請求権は消滅している、という論理でした。これを日本の司法も認めてしまいました。

２００７年4月27日の強制連行西松訴訟の最高裁の判決は、日本政府の主張を受け入れて、被害者の請求を棄却してしまったのです。これ以後、その他の戦後補償裁判の判決はすべて、この最高裁判決にならって「被害者の請求棄却」になっています。

このように日本の司法は、中国人戦争被害者の要求を実現する道を閉ざしてしまいました。しかし、この西松訴訟の最高裁判決も「中国人戦争被害者の請求権は裁判上消滅した」というだけで、「当事者同士の交渉で解決することは妨げない」という付言を書き添えています。

当事者、つまり中国人戦争被害者と日本政府・企業の間で話し合って解決せよ、という段階になっています。ここまで到達するのに、何回も中日の間を往復した中国人被害者、日中の弁護士、日本の市民運動の活動がありました。

日本政府が誠意を持って被害者に謝罪し、企業がその責任を認めることがどうしても必要だと考えています。日本と中国がこれからずっと仲良くやっていくためには「悪いことをした」日本政府は被害にあった中国の人にきちんと謝罪しなければなりません。

裁判がはじまって20年の歳月が流れました、この間に裁判をたたかった多くの被害者が他界しました。戦後70年、生存者がいるうちに解決したい、と思います。日本政府は被害者が死に絶えるのを待っているかのようです。

戦後50年の節目にあたる１９９５年に「支える会」を立ち上げ、中国人戦争被害者の訴訟を支援するなかで、日本の市民として考えたことがたくさんあります。

日本政府が謝罪しないことは正義にも国際的な道理にも反するものです。日本国内の世論や国際情勢に押されて、戦争責任の誠意を見せようとする動きもありました。しかし、いま、小選挙区制のもとでとてつもなく反動的な、排外主義的なといってもよい内閣が出現しています。市民が黙ってしまったら、解決への道筋は閉ざされてしまうでしょう。

中国の人びととの友好は、戦争の後始末から出発しなければなりません。これを蔑ろ《ないがし》にして、政冷経熱などと「金もうけ」に走るのでは、真の日中友好は前進しないでしょう。信頼関係をそこなえば、経済関係もうまくいきません。対等互恵の日中関係を築くには、少しずつでもあらゆるレベルで信頼関係を醸成させていくしかありません。

本書を読まれたみなさんがこれからの草の根の日中交流を担う際の参考になれば望外の喜びです。

大谷猛夫

2015年7月

関連年表

1894	日清戦争
1900	義和団の乱、日本軍の北京近郊駐留を認めさせる（～1901）
1904	日露戦争
1910	韓国併合
1915	対華21カ条要求
1931	満州事変
1932	「満州国」建国、日満議定書、平頂山事件
1937	盧溝橋事件、日中戦争 日本軍慰安所をつくる 南京市を占領、南京大虐殺事件
1938	ハルビン郊外の平房に「731部隊」の設置
1941	日本政府、米英などに宣戦布告
1942	日本政府、中国人労働者移入を閣議決定
1945	米軍が日本各地の都市を空襲、沖縄に米軍上陸、原爆投下、日本ポツダム宣言受諾、無条件降伏 日本軍、中国で大量の化学兵器を遺棄
1947	日本国憲法公布
1951	サンフランシスコ講和会議

1972	日中共同声明
1978	日中平和友好条約
1995	南京事件、731部隊被害者遺族、無差別爆撃被害者、「慰安婦」事件被害者、日本政府を提訴
1996	強制連行事件、劉連仁さんが日本政府を提訴、平頂山事件被害者、提訴 遺棄毒ガス被害者、提訴
1999	日中政府間協議、日本政府の責任で中国へ遺棄してきた化学兵器の処理をはじめる 95年提訴の南京事件・731・無差別爆撃訴訟、東京地裁が国の責任なしの判決
2001	強制連行・劉連仁訴訟で、東京地裁、国に賠償命令の判決、
2003	中国・黒竜江省チチハル市で日本軍遺棄毒ガスにより44人が被害、1名死亡 遺棄毒ガス一次訴訟で東京地裁が原告全面勝利の判決
2004	中国・吉林省敦化市郊外で日本軍遺棄化学兵器による少年2名の被害
2006	平頂山事件、最高裁で被害者敗訴の判断、戦後補償裁判最初の判決確定
2007	強制連行・広島安野の訴訟で最高裁が72年請求権放棄の判断 南京事件、最高裁が原告の上告を棄却 山西省「慰安婦」事件二次訴訟、最高裁が上告人の請求を棄却 チチハル毒ガス被害事件、被害者43人と李貴珍さんの遺族が東京地裁に提訴
2010	西松建設、強制連行の被害者と和解
2014	チチハルと敦化の遺棄毒ガス事件訴訟で、最高裁、被害者の請求を棄却

■参考にした本

『七三一部隊の犯罪――中国人民は告発する』（韓暁著、山辺悠喜子訳、三一書房、1993年）
『続・南京からの手紙』（早乙女勝元編著、草の根出版会、1998年）
『穴から穴へ13年――劉連仁と強制連行』（早乙女勝元編、草の根出版会、2000年）
『砂上の障壁――中国人戦後補償裁判10年の軌跡』（中国人戦争被害賠償請求事件弁護団編、日本評論社、2005年）
『ぼくは毒ガスの村で生まれた。――あなたが戦争の落とし物に出あったら』（化学兵器CAREみらい基金編著、吉見義明監修、合同出版、2007年）
『平頂山事件とは何だったのか――裁判が紡いだ日本と中国の市民のきずな』（平頂山事件訴訟弁護団編著、高文研、2008年）
『未解決の戦後補償――問われる日本の過去と未来』（田中宏他著、創史社、2012年）
『日中歴史和解への道――戦後補償裁判からみた「中国人強制連行・強制労働事件」』（松岡肇著、高文研、2014年）

■おすすめの本

『痛恨の山河――足尾銅山中国人強制連行の記録』（猪瀬建造著、随想舎、1994年）
『従軍慰安婦』（吉見義明著、岩波書店、1995年）
『白狼の爪痕――山西残留秘史』（永富博道著、新風書房、1995年）
『消せない記憶――日本軍の生体解剖の記録』（吉開那津子著、日中出版、1996年）

『置いてきた毒ガス』（相馬一成著、草の根出版会、1997年）
『南京大虐殺否定論13のウソ』（南京事件調査研究会編、柏書房、1999年）
『南京事件と日本人――戦争の記憶をめぐるナショナリズムとグローバリズム』（笠原十九司著、柏書房、2002年）
『過去の克服――ヒトラー後のドイツ』（石田勇治著、白水社、2002年）
『南京大虐殺歴史改竄派の敗北――李秀英名誉毀損裁判から未来へ』（本多勝一他著、教育史料出版会、2003年）
『毒ガス戦と日本軍』（吉見義明著、岩波書店、2004年）
『第二版　未来をひらく歴史』（日中韓3国共通歴史教材委員会編、高文研、2006年）
『現代歴史学と南京事件』（笠原十九司・吉田裕編、柏書房、2006年）
『南京事件論争史――日本人は史実をどう認識してきたか』（笠原十九司著、平凡社、2007年）
『シリーズ・花岡事件の人たち　第二集　蜂起前後』（野添憲治著、社会評論社、2008年）
『中国歴史教科書と東アジア歴史対話　日中韓3国共通教材づくりの現場から』（齋藤一晴、花伝社、2008年）
『新版　荒れ野の40年――ヴァイツゼッカー大統領ドイツ終戦40周年記念演説』（リヒャルト・フォン・ヴァイツゼッカー著、永井清彦訳、岩波書店、2009年）
『南京事件70周年国際シンポジウムの記録　過去と向き合い、東アジアの和解と平和を』（記録集編集委員会編、日本評論社、2009年）
『私たちが戦後の責任を受けとめる30の視点』（熊谷伸一郎編、合同出版、2009年）

『国に問われる責任――つぐないか、救いか』（軍医学校跡地で発見された人骨問題を究明する会編、樹花舎、２００９年）
『戦争を知らない国民のための日中歴史認識――日中歴史共同研究〈近現代史〉を読む』（笠原十九司編、勉誠出版、２０１０年）
『中国侵略の証言者たち――「認罪」の記録を読む』（岡部牧夫他編、岩波書店、２０１０年）
『司法が認定した日本軍「慰安婦」――被害・加害事実は消せない！』（坪川宏子・大森典子著、かもがわ出版、２０１１年）
『軍事環境問題の政治経済学』（林公則著、日本経済評論社、２０１１年）
『平頂山事件資料集』（井上久士・川上詩朗編、柏書房、２０１２年）
『新しい東アジアの近現代史（上）・（下）』（日中韓３国共同歴史編纂委員会著、日本評論社、２０１２年）
『戦場へ征く、戦場から還る』（神子島健著、新曜社、２０１２年）
『日本軍「慰安婦」問題　すべての疑問に答えます。』（アクティブ・ミュージアム「女たちの戦争と平和資料館」〔ｗａｍ〕編著、合同出版、２０１３年）
『万人坑を訪ねる――満州国の万人坑と中国人強制連行』（青木茂著、緑風出版、２０１３年）
『日本は過去とどう向き合ってきたか――〈河野・村山・宮沢〉歴史三談話を考える』（山田朗著、高文研、２０１３年）
『「戦場体験」を受け継ぐということ』（遠藤美幸著、高文研、２０１４年）

■著者紹介

大谷　猛夫（おおたに・たけお）

１９４６年生まれ。１９７３年に足立第十四中学校に勤務して以降、２００７年に定年退職するまで足立区内の中学校の社会科教諭を勤める。定年退職後は複数の大学で講師として教育学を教える。

１９９３年より、アジア各地をまわり、日本軍による戦争被害者を訪ね、教材として活かしてきた。授業にフィリピンの性暴力被害者をゲストとして招いたことも。アジアの戦争被害者の証言を聞くとりくみを続けているアジア・フォーラム実行委員。

現在は、「中国人戦争被害者の要求を実現するネットワーク」事務局長。法政大学・大東文化大学非常勤講師。

●著書

『仕事の絵本〈３〉仕事のつながり、仕事のしくみ』（大月書店、２００６年）

●共著

『元「慰安婦」の証言――五〇年の沈黙をやぶって』（アジア・フォーラム編、皓星社ブックレット、１９９７年）

『「日本軍慰安婦」をどう教えるか』（石出法太・金富子・林博史編、梨の木舎、１９９７年）

『中学校の地理30テーマ＋地域学習の新展開』（地歴社、２００４年）

●中国人戦争被害者の要求を実現するネットワーク

２０１３年８月、「中国人戦争被害者の要求を支える会（略称「支える会」）」が発展的に解消して生まれた組織。

〒１２３-０８４１ 東京都足立区西新井４-27-９

E-mail：sengohosho2007@yahoo.co.jp

http://www.ne.jp/asahi/suopei/net/index.htm

日本の戦争加害がつぐなわれないのはなぜ!?

――中国人被害者たちの証言と国家・加害企業・裁判所・そして私たち

2015年 7月30日 第1刷発行

著 者 大谷 猛夫

発行者 上野 良治

発行所 合同出版株式会社
郵便番号 101-0051
東京都千代田区神田神保町 1-44
電話 03（3294）3506 FAX 03（3294）3509
ホームページ http://www.godo-shuppan.co.jp/
振替 00180-9-65422

印刷・製本 新灯印刷株式会社

■刊行図書リストを無料進呈いたします。
■落丁・乱丁の際はお取り換えいたします。

ISBN 978-4-7726-1246-3 NDC360 210×148